社会主义思潮的开山之作·人类理想的幸福社会形态

乌托邦

Utopia

【英】托马斯·莫尔　著
邢占军　黄立清　译

知识产权出版社
全国百佳图书出版单位
—北京—

图书在版编目（CIP）数据

乌托邦/（英）托马斯·莫尔（St. Thomas More）著；邢占军，黄立清译.—北京：知识产权出版社，2020.3

ISBN 978-7-5130-6705-8

Ⅰ.①乌… Ⅱ.①托… ②邢… ③黄… Ⅲ.①乌托邦 Ⅳ.①D091.6

中国版本图书馆CIP数据核字（2019）第289237号

责任编辑：李学军　　　　**责任校对**：谷　洋

封面设计：刘　伟　　　　**责任印制**：刘译文

乌托邦

［英］托马斯·莫尔　著

邢占军　黄立清　译

出版发行：知识产权出版社有限责任公司	网　　址：http：//www.ipph.cn
社　　址：北京市海淀区气象路50号院	邮　　编：100081
责编电话：010-82000860转8559	责编邮箱：752606025@qq.com
发行电话：010-82000860转8101/8102	发行传真：010-82000893/82005070/82000270
印　　刷：北京嘉恒彩色印刷有限责任公司	经　　销：各大网上书店、新华书店及相关专业书店
开　　本：787mm×1092mm　1/16	印　　张：10.5
版　　次：2020年3月第1版	印　　次：2020年3月第1次印刷
字　　数：112千字	定　　价：68.00元

ISBN 978-7-5130-6705-8

目　录
Contents

托马斯·莫尔致彼得·贾尔斯的信 1

第一部 9

第二部 57

关于城市，特别是亚马乌罗提城 63

关于行政官员 67

关于职业 71

关于社会关系 79

关于乌托邦人的旅行等等 87

关于奴隶等等 115

关于战争 127

关于乌托邦的宗教 141

托马斯·莫尔致彼得·贾尔斯的信

亲爱的彼得·贾尔斯[1]：

非常抱歉的是，用了将近一年的时间才把这本有关乌托邦国的书稿给您寄去——而当初我答应您只需一个半月。当然，您知道我并不需要花费什么精力去收集素材，也不必绞尽脑汁地对这部作品进行构思。我所要做的，仅仅是将你我从拉斐尔[2]那儿听到的一切加以叙述而已。因此,我也就无需对这里所叙述的一切加以字斟句酌了——对叙述者的语言风格是不必苛求的。的确如此,一方面,这场谈话来得如此突然，令我毫无准备；另一方面，如您所知，讲述者的拉丁文功底远不如他的希腊文。因此，我的语言风格越接近于他那平淡无奇的讲述，也就越可能接近于他的本意了。真实，恰恰是我在这部作品中唯一追求和真正关心的事情。

亲爱的彼得，坦率地讲，写作前的这一切准备工作大大减轻了我的负担，我几乎没有任何事情可做了。否则的话，即便是那些出类拔萃、学识渊博的天才，收集和整理这些材料也需要花费大量的时间和精力。假如这部作品既要求表述得准确无误，又要求语言娓娓动听，那么我是根本没有时间和精力来完成的。事实上，我并未为此付出太多的心血，我

[1] 彼得·贾尔斯（Peter Giles，1486—1533 年）——人文主义者、印刷商，16 世纪早期曾做过安特卫普的书记员，他是莫尔和伊拉斯莫斯的朋友。

[2] 拉斐尔——即拉斐尔·希斯拉德（Raphael Hythloday）,莫尔虚构的乌托邦的讲述者。

唯一要做的是简略地将自己所听到的事情记述下来，而做到这一点并不困难。

然而即便是如此微不足道的事情，我也很难挤出时间来完成。我经常陷入各种法律事务之中：辩护，听审，有时作为仲裁人进行裁决，有时又要以法官的身份作出宣判。出于礼节，我要对某些人进行拜访；而为了业务，我又要去拜访另外一些人。为了他人的事务，我几乎要在外牺牲掉一整天的时间，余下的一点时间还要花在家人身上。如此一来，实在抽不出多少时间用于个人的写作。

回到家里，我不能不陪妻子拉呱、陪孩子们聊天，同仆人们商量一些家务。所有这一切既然是非做不可的（如果你不希望自己成为家中一个陌生人的话，这一切是非做不可的），也就只能将它们称为事务了。进一步讲，或者是归于上帝安排，或者是缘于一见钟情，或者是出于个人选择，既然一个人拥有了那些与自己终生厮守的人们，他就必须尽可能地对这些人采取愉悦的态度。当然，他不可以对这些人过分骄纵，也不可以因过于姑息迁就而导致主仆不分。

正是因为忙碌于上述种种事务之中，时间在一天天、一月月、一年年地流逝。这种状态下,哪里还有时间进行写作呢?在这里，我还没有考虑到睡觉和用餐——不少人用餐所花费的时间并不比睡觉少，而睡觉则几乎要消耗掉一个人的半生。于是，我不得不从睡觉和用餐中挤些时间来做点自己的事情。日积月累，我最终利用这点少得可怜但毕竟能够起点作用的时间，完成了这本《乌托邦》，现在给您寄去。亲爱的彼得，请审阅并指出其中的纰漏之处。

对于自己的记忆力，我还是颇为自信的——但愿像拥有不坏的记忆那样，我也能拥有足够的智慧和学问！尽管如此，我仍不敢自以为是地认定没有任何遗漏之处。如您所知，我的义子约翰·克莱门特[1]谈话时也在场——但凡有益的谈话，我总是要求他在场倾听。他就像一棵苗木，在希腊文学和拉丁文学方面已发出了嫩绿，我期待着他有一天能够结出累累硕果。他的说法曾令我对书中的一个细节感到惶惑不安。

根据我的记忆，希斯拉德声称架在亚马乌罗提城[2]阿尼德河[3]上的桥共有五百步宽。但我的约翰却说，应该减去两百步，因为那条河不过三百步宽。请您回想一下这个问题，假如您和他意见一致，那便证明是我搞错了，我将采纳你们的意见。假如您记不起来了，那我就保留原来的记录。我不愿意在这本书中出现任何错误，所以假如存有某些疑问之处，我宁可采用讲述者的说法，而不愿主观臆断。在聪明和诚实之间，我宁愿选择诚实。

但是，上述缺陷也是不难补救的，您可以当面或者通过书信向拉斐尔本人询问。另外还有一个最近才意识到的问题

---

[1] 约翰·克莱门特（John Clement）——在莫尔家中长大，并且后来和莫尔的养女结了婚。

[2] 亚马乌罗提城（Amaurote）——用希腊语杜撰，意为“隐晦的、不清楚的”。作者虚构的“乌托邦”的首都。

[3] 阿尼德河（Anyder）——出自希腊语，意为“无水的河”，亦即实际上不存在的河。作者虚构的流经“乌托邦”首都亚马乌罗提城的一条河流。

必须向他请教，我拿不准这该怪谁，怪我，怪你，还是怪拉斐尔本人？或许是我们未曾问及或许是他本人忘记交代了，那便是乌托邦在新世界中位居何方？忽略了这一点是非常令人遗憾的，我宁愿用一大笔金钱来换取这方面的资料。对于自己所畅谈的这座岛屿，竟然不知道它位居何方，我对此深感愧疚。另外，我们这里的一些人——尤其是一位虔诚的职业神学家，也热切地期盼访问乌托邦。这位神学家并非出于无聊和好奇，希望到一个陌生的地方去游历，而是有意去那里推动正在兴起的、我们的宗教。

为了顺利推进这一切，他正努力争取得到教皇的委派，并且希望能够被授予乌托邦主教的职位。由他来申请这个高级教职，是不必有任何顾虑的——因为他将此视为一种圣洁的举动，不为名利，完全出于一片虔诚。

因此，亲爱的彼得，请您务必与希斯拉德取得联系，方便的话您不妨与他当面谈谈。假如他已经离开，就给他写封信吧，务必保证这部作品中不要出现任何错误，也不要遗漏真实的情节。如有可能，不妨让他看一下原书。除他之外，没有其他人能够更好地修正这些错误了——当然，假如不能从头至尾阅读全书，他是很难做到这一点的。另外，通过这种方式，您也可以看出他是否赞成由我来推出这部作品。他或许不情愿由我来代笔，因为他本人也可能打算将这段游历写出来。在将乌托邦国公之于世这件事情上，我并不想掠人之美。

可是，说老实话，我自己也没有确定是否要将这本书公之于世。人们的嗜好是如此不同。有些人总喜欢抱怨，他们本性上忘恩负义而又固执己见，但却总能满心愉悦地享受着自己的嗜好。另外一些人虽然费尽心思地去发表自己的作品，试图给他人以收获和乐趣，但他们得到的却是轻蔑和忘恩负义。

相当多的人不学无术，也有不少人瞧不起学问。粗俗的人对那些并非完全粗俗的东西总是加以拒斥。一知半解的人则视陈词滥调为新奇。有些人只喜欢老古董，也有不少人总是敝帚自珍。有的人非常严厉，跟他们开不起玩笑；有的人则很乏味，来不得半点幽默。有的人头脑呆板，一听到讽刺话就如同被疯狗咬伤的人怕水一般。而另一些人则说变就变，他们坐着的时候赞成某种主张，而站起身来就会去符和另外一种观点。

这些人坐在酒馆里，借酒助兴，对作家的才华妄加评论。他们随心所欲地以权威自居，把每个作家的作品攻击得体无完肤，而他们自己却完好无损，如同俗语所言：刀枪不入。他们八面玲珑，从他们身上你捋不下一根诚实人的毫毛。

另外有些人更是忘恩负义。这些人尽管对作品是那般的津津乐道，但对作者却没有一丝好感。他们就像是一群无礼的来客，在一个盛大的宴会上受到款待之后，酒足饭饱的他们在离开时竟然对邀请他们的主人不会表示丝毫谢意。现在，就让宴会开始吧，让我自己出钱，为了那些口味不一、而又挑三拣四的人们；为了那些如此健忘、而又忘恩负义的人们。

但无论如何，亲爱的彼得，我所交代的事情您和希斯拉德还要去做。日后在这方面，我会充分而自由地吸收各种新的意见。但刚刚从写作此书的辛苦中解脱出来，聪明对我而言似乎来得太迟了。因此，我只想征得希斯拉德的同意，并且今后就此书的出版问题多听听朋友们的建议，特别是要听取您的意见。再见吧！我最亲爱的朋友，向您温柔贤惠的夫人致意。对我的友爱始终如一吧，我比以往任何时候都更爱您！

第 一 部

杰出人物拉斐尔·希斯拉德关于某个国家理想盛世的谈话，由英国名城伦敦有声望的公民和行政司法长官托马斯·莫尔转述战无不胜的英王亨利八世，[1]可以同任何一位功德卓著的杰出君主相媲美。他近来和尊贵的卡斯提尔国王查理[2]发生了一些非同小可的争执。为了处理他们之间的问题并达成某种妥协，英王派我出使到佛兰德斯，[3]伴我同往的还有托斯塔尔。[4]令人高兴的是，托斯塔尔最近刚被英王任命为案卷主理。对于我的这位朋友，我不想去恭维他。这并非因为我担心赞扬一位朋友容易被人质疑，而是因为他那公认的杰出品行和学识实在是我无法形容的。所以我的赞扬也就显得多余了，用一句俗语来讲，可谓“打着灯笼去找太阳。”

按照预先的安排，受卡斯提尔国王委派专门处理此事的人员在布鲁日[5]接待了我们。这是一些杰出的人物，为首的是布鲁日市长，这是一位高贵的人士。但他们的主要发言人和灵魂人物则是泰西斯。他是加塞尔[6]的教会长，口才训练有素，

---

❶ 英王亨利八世（Henry VIII,1509—1547年在位）——当时与西班牙国王查理（后成为德意志皇帝）存在一些个人恩怨，后来查理获得了荷兰的统治权，亨利迫使英国国会禁止向荷兰出口羊毛。1515年，莫尔受英国商人委托出使调解争端。

❷ 卡斯提尔国王查理——即查理五世（Charles V），查理五世原为西班牙境内卡斯提尔国国王。

❸ 佛兰德斯（Flanders）——当时欧洲的纺织业中心。

❹ 托斯塔尔（Cuthbert Tunstall, 1474—1559年）——是莫尔终生最亲密的朋友，担任过许多显贵的世俗和宗教职务。

❺ 布鲁日（Bruges）——位于今比利时境内。西佛兰德斯的都城，全盛时期曾经是欧洲的贸易中心，后来其地位被安特卫普取代。

❻ 加塞尔（Cassel）——今法国北部城市。

俨然一位天才的演说家。他精通法律，而且有着出色的外交谈判能力。这一切不仅源自他的禀赋，更得益于他那丰富的经验。经过了几次会谈之后，我们仍未能在一些方面达成一致。为此，他们便告辞数日，前往布鲁塞尔[1]征求他们国王的正式意见。

在这段时间里，我因事前往安特卫普[2]。当我居留该城期间，来访的客人中有一位最令我高兴，这便是彼得·贾尔斯。他是一位当地人，在这里他拥有崇高的地位并受到人们的尊重，当然这一切对他而言都是受之无愧的。这是一位品学兼优的年轻人，他极有德行，而且学识渊博。他对朋友更是开诚布公、情深义重，如此完美的朋友无论在哪里都是不多见的。他十分谦逊，没有人像他那样平易近人，也没有人像他那样拥有天生的聪慧与质朴。此外，他谈吐优雅，饶有风趣而又不会令人感到不快。因此，与他的愉快交往，以及我们之间那些引人入胜的谈话，大大地减轻了我的思乡之苦，让我能够暂时放下对家中妻儿的挂念。此时，我离家已有四个多月了。

有一天，我来到圣玛丽教堂做礼拜，这是城里最好的教堂，常常拥挤不堪。做完礼拜，我打算返回寓所，忽然看到彼得正同一位陌生人交谈着。这是一位上了年纪的人，面孔黝黑，蓄着长须，肩上随意地披了件斗篷，透过外表和穿戴，我猜

---

[1] 布鲁塞尔（Brussel）——当时为“低地国家”的首都，今为比利时首都。

[2] 安特卫普（Antwerp）——当时属佛兰德斯，今为比利时重要港口城市。

测他可能是一位船长。

彼得看见了我，走过来和我打招呼。我正待回礼，他将我拉到一旁，指着刚才跟他谈话的人，问道：

“看见那个人了么？我正想把他引见给你。”

“因为你的缘故，我当然很乐意了。”我答道。

“不，”他说，“是因为他本人。如果能和他相识，你就会听到一些关于未知国家和人民的事情，而当今世上没有第二个人能够做到这一点。我想你对这些事情一定会感兴趣。”

“太好了！”我答道，“看来我猜得不错。我一见到他，就断定他是一位船长。”

“那你就大错特错了，”他说，“他可不是巴利纽拉斯[1]那样的海员，他像奥德修斯[2]，更像柏拉图[3]。这位拉斐尔——这是他的名字，他姓希斯拉德——不但会讲拉丁语，而且精通希腊语。由于潜心于哲学研究，他在希腊文方面所花的功夫远比拉丁文要多。在他看来，对哲学这门学问，拉丁文中除了辛尼加[4]和西塞罗[5]的一些作品外，几乎没有什么有价值

---

[1] 巴利维拉斯（Palinurns）——古罗马诗人维吉尔（Virgil，公元前 70—公元前 19 年）作品《埃涅阿斯纪》(又名《伊尼德》) 中的一个相当平庸的水手，此处比喻为普普通通的海员。

[2] 奥德修斯（Udysseus）——古希腊著名诗人荷马（Homer）所著史诗《奥德赛》(Odyssey) 的主人公。

[3] 柏拉图（Plato，公元前约 428—公元前约 348 年）——古希腊哲学家，曾游遍意大利、西西里岛、埃及、昔兰尼等地以寻求知识、传播自己的主张。

[4] 辛尼加（Seneca，公元前约 4—公元 65 年）——古罗马哲学家。

[5] 西塞罗（Cicero，公元前 106—公元前 43 年）——古罗马作家、演说家，希腊哲学的普及者。

的东西。他是一位葡萄牙人，因为急于想走出去看看外面的世界，他便将自己所继承的财产留给了家里的兄弟们，加入了阿美利哥 · 维斯浦西❶的船队。他参加了阿美利哥四次出航的后三次，而有关他们的第四次航行已经广为人知了。可是在最后一次航行中，他却没有跟随阿美利哥一同返回。他强烈请求阿美利哥，允许他成为留在这次航行终点要塞里的二十四个人中的一员，于是他便留了下来。从此他更是随心所欲，到处漂泊，早已将生死置之度外。有句名言他整天挂在嘴上：‘死后没棺材，青天做铺盖’，❷要不是老天保佑，他会因为这些想法而吃尽苦头的。与阿美利哥分手后，他又和五位同伴一起从要塞出发航行到了许多国家。一个偶然的机会让他到达了锡兰，❸后来又到了卡利卡特。❹在那里他无意中碰到了一些葡萄牙船只，就这样，他又出乎意料地回到了家乡。”

彼得讲完之后，我向他表示感谢。他如此费尽口舌，不过是希望我能够跟那个人谈谈，而且希望同他的交谈能够让我感到满意。于是，我走向拉斐尔，互致问候，初次见面客套一番后，便一起返回我的寓所。坐在花园里草苔丛生的长凳上，我们一起交谈了起来。

---

❶ 阿美利哥 · 维斯浦西（Amerigo Vespucci，1454—1512 年）——意大利航海家，曾到过新大陆四次，美洲以他的名字命名。

❷ “死后没棺材，青天做铺盖”——公元 1 世纪罗马诗人琉康的诗句。

❸ 锡兰——今斯里兰卡。

❹ 卡利卡特（Calicut）——印度南部海港。

拉斐尔告诉我们，在与阿美利哥分手之后，他和那些留在要塞里的朋友开始同当地人接触。他们表现得非常友善，当地人也对他们表露出好感。他们不仅感受不到来自当地人的威胁，事实上还同他们建立起了友谊。更重要的是，他们获得了很好的声誉，并得到了一位国王的恩赐和关照（这位国王和他国家的名字我已记不起来了）。由于这位国王的慷慨好施，他和其他五位同伴获得了充足的给养和旅费，并且还得到了一位忠实的向导，这样他们又开始了新的旅程。旅程中，他们水路乘筏，陆路行车，正如他们所期待的，那位向导又介绍他们认识了其他国王。拉斐尔称，在那之后，他们到过许多城镇和都市，看到了一些人口稠密、制度优越的国家。

他说，的确，在赤道下方，在太阳直射能够达到的两侧，横亘着荒芜的沙漠，被太阳永恒的热量所炙烤。那儿一片阴森恐怖，无法耕作，令人生厌，栖息着野兽和毒蛇，还有和这些野兽一样充满了威胁的土人。可是，稍稍前行，便显露出宜人的风光：气候不再那么酷热难耐，地面铺满了可爱的牧草，连野兽的性情也变得温驯了。最终，你会看到国家、城镇和都市。它们之间相互通商，并与相距遥远的国家保持着水上或者陆路贸易。

拉斐尔说，在那儿他们有了前往周围各个国家访问的机会。每一条船，不论驶往何方，都欢迎他和他的同伴们搭乘。在他们最初到达的地方，所看到的船都是平底的，船帆使用纸草[1]和柳条编制而成，有些部分是由皮革制作的。后来，他们所见到的船有尖锐的船脊和帆布做成的帆，事实上，已经和我们的船没有什么区别了。他们的水手既懂得天文学也善于航海。

据拉斐尔讲，因为曾指点当地人如何使用指南针，他颇得他们的好感。以前他们对指南针是一无所知的，因此在大海中听天由命总不免提心吊胆，除非在夏季，他们不敢冒险出航。现在，因为有了指南针，即便在冬天他们也敢大胆出航。这样一来，由于过分自信，反而潜存着某种危险。原本希望给他们提供一些帮助，可是由于他们的轻率鲁莽，反而可能给他们带来巨大的灾难。

拉斐尔在各处的所见所闻要展开来讲，那要花费很长的时间，但这些并非本书写作的目的。或许我们会在另外的场合讲述他的那些故事，尤其是那些对读者有益的事情——那些他在文明国家所观察到的各种明智而审慎的制度。我们问了他许多有关这些方面的问题，他也很乐意回答。至于凶残的斯库拉[2]、贪婪的塞里诺[3]、吃人的莱斯特里戈尼[4]以及类似的一些怪物，我们并不感兴趣。这些奇谈随处可以听到，但那些治理良好的国家却是难觅其踪的。

---

[1] 纸草——芦苇植物，产于尼罗河三角洲。

[2] 斯库拉（Scylla）——古希腊神话中吞吃水手的女海妖。

[3] 赛里诺（Celaenos）——古希腊神话中凶残而贪婪的一种怪物，据称鸟身女面，住在污秽恶臭的环境里，污染周围一切东西。

[4] 莱斯特里戈尼（Laestrygones）——古希腊神话中的吃人巨人。

拉斐尔提醒我们注意这些新发现国家的许多不良习俗。在此，他列举了若干方面，以供我们的城市、民族、种族以及王国借鉴，并对我们自身的缺陷加以反省。如前所述，这类事情我也只能留待其他场合再讲了。现在我只想讲述一下他所谈到的乌托邦人的行为方式和风俗习惯。可在此之前，我想首先介绍一下让他提到这个国家的那场谈话。

拉斐尔富于智慧地谈到了我们所在这个半球的缺点，他发现不少缺点是两个半球所共有的。他还对比了我们双方所采取的一些比较明智的措施。他对所到过的每一个国家的行为方式和风俗习惯都记忆深刻，好像他曾经在那里生活过一辈子。彼得惊奇地赞叹：

“哎！我亲爱的拉斐尔，我真不明白您为什么不留在某个国王的身边呢？我敢肯定没有一个国王会不宠幸您。您深谙各国的风土人情，不仅能够取悦于他，而且能够给他提供行为的楷模，还可以进言辅佐他。这样不仅会给您个人带来好处，而且还会泽被您的亲朋好友。”

“提起我的亲朋好友，”他回答道，“我再也不想替他们操心了，因为我觉得，对他们我已经很好地履行了职责。一般人不到年老体弱是不会放弃属于自己的财产的，而且即便到了那个时候，尽管他们已没有能力保住财产，但还是不情愿放弃。而我却在年轻力壮的时候，就将自己的财产分给了我的亲朋好友。我想他们应该对我的慷慨感到满足，而不应再过分地要求我为了他们而去臣奉某位国王吧。”

“不要讲得这样难听！”彼得纠正道，“我的意思是您可以去辅佐国王，而并非去臣奉他。”

拉斐尔注视着他道：“臣奉和辅佐不过是一词之差。”

“不过我坚信，”彼得接着道，“不管您怎样称呼这样的生活，它都不失为一种手段，它不仅有益于个人，而且有益于国家，也会让您更加发达。”

“难道要让我选择一种自己非常厌恶的方式，来让自己更加发达吗？”拉斐尔说道，“事实上，我现在生活得舒心自在，你所羡慕的那些朝廷重臣有几个能比得上我。况且攀权附贵的人已经很多了，你大可不必因为他们之中没有我、或没有几个像我这样的人，而感到遗憾。”

“太好啦，”我插嘴道，“亲爱的拉斐尔，很显然，您是一位不慕富贵和权势的人。对于像您这样胸襟坦荡的人，我的崇敬和仰慕丝毫不亚于那些达官显贵。可是在我看来，您应该做那些同您和您那博大精深的哲学思想相称的事情。这样您可能会牺牲一些个人的利益，但却可以用自己的才能和勤勉为公众造福，要实现这一切，您就必须成为一位伟大国王的谋臣，帮助他推行那些诚实而且值得尊敬的治国方略，我相信您是能够做到这一点的。国王就如同永不枯竭的泉源，从那儿涌出的泉水会流向全国各地，要么为民造福，要么危害百姓。您不仅具备渊博的学识，而且还拥有丰富的经验，在任何一位国王那里，您都会成为一位出色的谋臣。”

“我亲爱的莫尔，你刚才所讲的有两点错误。”他说道，

“第一，你对我个人的估计有误；第二，你对事情本身的判断也有问题。我并不像你所描述的那样有才能，而且假如我真正拥有这样的才能，即便打破我个人平静的生活，也未必能给民众带来幸福。首先，几乎所有国王都致力于战争（对此我是一窍不通的，而且我也不想涉入其中），而不愿从事高尚的和平事业。他们所关心的，是如何想方设法夺取新的国土，而不是治理好现有的国土。”

“其次，那些朝廷幕僚们要么个个都很聪明，用不着听取别人的意见；要么个个自以为是，听不进别人的忠告。但是，这些人对最荒谬的观点也会表示赞同，他们巴结国王的亲信，对他们随声附和。而且，人们总是自视甚高，就如同乌鸦和猴子对它们的幼仔钟爱有加。”

“对于那些妒忌他人、自以为是的人而言，如果有人提到在他们所不知道的时间或地点曾经听说过或者看到过某些事情，他们就会感到名誉扫地，似乎他们因此会被人们视为傻瓜。要避免出现这样的事情，他们就会对别人的发现吹毛求疵。当一切努力均告失败之后,他们最后的招数便是扬言：‘这类事情我们的祖先早就发现了，但愿我们能够拥有祖先那样的智慧。’这样，似乎便可以自圆其说了，他们也就可以稳坐如山了——当然，这里隐含的假定是：如果在任何一个方面我们的智慧超过了祖先，那会有多么的危险。可是，祖先们一些卓越的思想，我们总是漠然处之；而他们在某些方面的些许失误则会成为我们不肯放过的把柄。这种傲慢、荒谬与顽固的偏见，我在其他地方碰到过不止一次，其中一次便是在英国。”

“噢，”我惊奇地问道，“您曾经到过我们国家？”

“是的。”他答道，“我曾经在那里住过几个月。那是在英国西部民众反对英王的暴动❶惨遭镇压后不久，暴动失败后便开始了残酷的屠杀。在那段日子里，我非常感谢尊敬的教父——坎特伯雷大主教约翰·莫顿❷先生，当时他是英国的大法官。亲爱的彼得，因为莫尔对他最熟悉不过了，也就不需要再从我这儿了解他的情况了。这位大主教以他的深谋远虑、德高望重而赢得了人们的尊敬。他中等身材，却一点儿也不显苍老。他的仪容令人感到敬而不畏。他谈吐持重，而又让人丝毫感觉不到拘谨。对那些谒见并有求于他的人，他有时喜欢以冷语相待，却又不失体面，以便考察对方所表现出来的魄力和镇定。只要不是冒失无礼，他对那种坦然无惧的表现是颇为赏识的。一方面的原因是这种表现接近于他本人的气质，另一方面的原因是他认为具有这种气质的人适合担任公职。他说起话来总是优雅而精辟，他具备精深的法律知识，能力超群，记忆力惊人。通过学习和历练，他的那些天资又得到了充分的发展。

---

❶ 指居住在英格兰西北部的康瓦尔人1497年的抗税暴动，后被英王亨利七世（Henry VII，1485—1509年在位）镇压。

❷ 约翰·莫顿（John Morton，1420—1500年）——英格兰大主教。曾获得牛津大学法律学位。1485年亨利七世即位后相继出任坎特伯雷大主教、大法官和枢机主教。他对莫尔有过深刻的影响，莫尔的青年时代是在他家中度过的。

英王十分看重他的意见，而且那时候国家似乎也非常依赖他。正如人们能够想到的，他年纪轻轻就离开学校进入宫廷，为处理国家的许多重要事务而贡献了自己的一生，经历了命运的浮沉变幻，在惊风骇浪中获得了一个政治家的远见卓识。而这一切一旦获得，就不会轻易失去。

有一天，我在他那儿用餐，当时有一个精通英国法律而未担任公职的俗人也在座。不知为何这个人竟有板有眼地谈起了当时对盗窃犯的严酷处罚。据他讲，盗窃犯被处死的情况比比皆是，有时一下子就有二十个人被送上同一台绞刑架。接下来他提出了一个他一直解不开的疑团：为什么这些人中漏网的极少，而不幸的是全国上下仍然是盗贼横生呢？当时我便不揣冒昧，当着红衣主教的面，发表了自己的看法。

我说：‘你用不着奇怪，因为对盗窃犯的这种惩罚方式有失公道而又无益于公众。死刑用于惩罚盗窃过于严酷，但却不能有效地制止它。仅就盗窃而言，并非什么大不了的罪过，是不应被处以死刑的。况且对那些走投无路的人来讲，再严酷的刑罚也不会阻止他们去盗窃。在这一点上，无独有偶，世界上大多数地方都在仿效那些拙劣的教书匠，他们对待学生不是循循善诱，而代之以鞭打体罚。对盗窃犯采用严酷骇人的刑罚，还不如指给他们一条谋生之道，如此一来，他们就没有必要去盗窃，然后再搭上一条性命了。’

他回答道：‘对此，我们已经采取了足够的措施。像手艺呀，耕作呀，只要不是自甘堕落，他们完全可以依靠这些职

业维持生计。'

'不,'我反驳道,'这并不足以说明一切。看看那些因对内或对外战争而致残返乡的人吧!例如最近发生在你们英国人同康瓦尔人之间的战事以及早些时候对法兰西的战事。[1]为了国家和国王,他们被弄得残肢断臂。身体残疾让他们难以重操旧业,由于年龄的原因他们又很难学习新的行当。当然,对这些人我们可暂不考虑,毕竟战争是偶尔发生的,现在让我们来关注一下那些每天都可能发生的事情吧。

大批的贵族像雄峰一般生存着,他们无所事事,依靠他人的劳动来供养,例如,靠拼命剥削那些依附于他们的佃农来增加收入。(这是他们所唯一计较的事情,在别的方面他们却挥金如土,直至倾家荡产!)而且,还会有一大批游手好闲的仆从追随。这些仆从一向不学无术,一旦主人死去,或者自己生病,他们立刻会被扫地出门。主人宁可供养闲客,也不愿养活病人。主人的后嗣也往往无力像先人那样支撑起偌大的家业——至少刚开始,他们是无能为力的。

这样一来,那些人如果不倾其所能去盗窃,也就只能忍饥挨饿了。的确,他们又能做些什么呢?流浪的生活让他们渐渐衣衫褴褛、体弱多病。没有哪位绅士会收留他们,农民也会对他们望而生畏。因为农民们深知,对于那些被娇养惯了的,曾经腰挂宝刀、手持盾牌,对周围的人吆三喝四、不可一世的人而言,要他们为了些微的报酬和粗茶淡饭而去拿

[1] 指亨利七世和亨利八世时代与法国的几场战争。

起铁锹锄头替贫苦百姓干活是不可想象的。’

‘可是，’那个家伙反驳道，‘这正是我们应当尽力供养的那种人呀。他们比工匠和农夫们更有气魄，一旦战事发生，他们便会成为我们军队里的中坚力量。’

‘太妙了，’我说道，‘你倒不如直说，为了战争，我们必须豢养一批盗匪。只要有这些人在，盗窃便永远也不会绝迹。而且，盗匪总能够成为比较练达的士兵，士兵干起盗窃来也绝不会逊色多少，兵匪之间竟有诸多相似之处。这个毛病虽然在你们的国家很普遍，但却并不为你们所独有，这种现象几乎在所有的国家都普遍存在。

提到法国，这个国家还为另外一种更为严重的祸患所折磨。即便是在和平岁月（假如你可以称其为和平岁月），他们整个国家也都挤满了雇佣兵。因为法国人同你们英国人一样，认为供养一批闲散的家臣是好事。这些自作聪明的人认为，要维护社会安定，就必须拥有一支强大而可靠的常备军。这支部队主要由老兵组成，因为他们从来不相信新兵。基于这样的认识，他们便制造种种借口来挑起战事，以便让士兵们取得实战经验。在他们看来，即使不生病也要将喉咙刺破，借用塞拉斯特的一句妙语，‘手脑如果不用就会变得麻木迟钝。’❶然而，豢养这群野兽般的东西是多么的危险，法兰西

❶ 塞拉斯特（Sallust，公元前 86—公元前约 34 年）——罗马历史学家。引文根据他的作品《卡特林的阴谋背叛》第 16 章。

已经为此付出了高昂的代价。对此，罗马、迦太基、叙利亚[1]和其他一些国家也提供了很好的例证。后面这几个国家的常备军，不仅毁灭了他们的帝国，而且对他们的土地和城市进行了一次又一次的洗劫。

这类常备军无须维持的理由，从以下事实可以清楚地得到证明：即便是那些从小就入伍训练的法国士兵也不敢自吹，在同你们的新兵作战时，能够每战必胜。对此我不必多言，免得让你们感到我在厚颜无耻地奉承你们。无论如何，你们那些城市里的工匠和种田的乡巴佬，除了部分因体力不支而不够勇猛、或者因家境贫寒而志气受挫的人之外，据信他们是抵得过贵族们身边的那些懒散之士的。这些贵族们精心挑选的身强力壮的仆从，由于懒散而变得虚弱。因此，只要他们能用诚实的手段养活自己，在劳动中使自己不断得到磨练，就不愁不具备男子汉的气概。

无论如何我都坚信，为了应对突发的战争而去供养一批扰乱和平生活的人，是不利于大众福祉的。人们不选择战争就绝不会有战争，人们应该更多地去关心和平而不是战争。但这并非引起盗窃的唯一理由。还有另外一种情况，我认为是你们英国人所独有的。'

'那是什么呢？'红衣主教问道。

'你们的绵羊，'我回答道，'曾经是那样的温驯，那样容易满足，据说现在开始变得贪婪而凶蛮，甚至要将人吃掉。

[1] 指奥特曼（Ottoman）1516 年对叙利亚的占领。

它们吞没了田野、房屋和城镇。在那些出产精美而昂贵羊毛的地区，那些贵族乡绅，还有些不知怎样成为圣人的主教们，不再满足于岁租年金和其他从祖传地产中获取的收益。他们觉得过那种对国家无益的闲适奢侈生活还不过瘾，一定要对它造成更大的破坏。任何一片土地都不允许用来耕作，巴掌大的地方都要圈作牧场，他们拉倒房屋，毁坏城镇，只留下教堂当作羊圈。并且，似乎整个英国的领土也不能满足他们对牧场圈地的需求，这些家伙们想把所有人类的居所和所有的良田都变成荒野。

结果是，为了一群贪得无厌的暴利追求者，你们那多灾多难的土地，成千上万亩地被一道道栅栏成片圈在一起。佃农们被赶走，他们中的一些人，被人用欺诈和暴力的手段剥夺了土地，甚至属于他们自己的财产也被剥夺；他们中的另外一些人，则遭受了非法的折磨，被逼出卖自己的土地。带着耕作用的农具，这些可怜的人们被迫离乡背井——男人、女人、丈夫、妻子、孤儿、寡妇，携带着幼儿的父母，以及那些并不富裕但人丁众多的家庭——离开了农活，这些人又能干什么呢？但他们不得不离开，离开那唯一曾经属于他们并为他们所熟悉的家乡，找不到安身之所。他们的全部家当，本来就值不了多少钱，但因急于出手，也只好低价卖掉。

一旦在流浪中花完了低价变卖来的几个钱后，除了去盗窃然后被处死外，他们又能做些什么呢？或许你会讲，这是罪有应得。或者他们继续过着乞讨流浪的生活，这样他们也会被当作无业游民而被投进监狱。尽管他们非常渴求能够得到一份工作，但是却没有人会雇用他们。这些富有耕作经验的人，已经没有农事可作，因为已经没有一块土地可以用来耕耘了。曾经需要很多人去耕作的土地，现在只需一个牧羊人便足够了。

这样一来，许多地区粮价猛涨，生羊毛的价格也在攀升，那些曾经以纺织为业的英国穷人买不起它，于是大批赋闲。其中的一个原因是，在牧场大规模扩大后，一场瘟疫导致了绵羊的大量死亡，这似乎是上帝为了惩罚贪婪而将瘟疫降到了绵羊的身上，其实这一切如果降临在绵羊的主人们头上才更显公道。然而，尽管随后绵羊的数量在不断增长，但羊毛的价格却丝毫未降。因为当时虽谈不上已经存在垄断，但羊毛供给商们仍然操纵市场使之求大于供。所有绵羊都集中到了很少几个人手里，而且他们已经很富有，他们不必急于出卖羊毛，只有等到满意的价格，他们才会出手。

到了这个时候，其他的牲畜也因同样的原因高价出售，有的甚至变本加厉。因为农舍被拉倒，耕地在缩小，没有人去饲养家畜，富人们既不会去饲养小羊也不会去饲养小牛。于是，他们便从国外购进那些瘦小的幼仔，等到在牧场上养肥后，再高价出售。在我看来，这种方式的全部危害还不曾为人们所察觉。直到现在，这些商人还只是在牲口脱销的地方哄抬物价。将来，随着牲口产地交易市场上供应量的逐渐减少，那儿迟早也会出现严重的供不应求。

这样，少数人丧心病狂的贪欲，使得本可以为你们英伦三岛带来幸福的希望破灭了。由于粮价高昂，家家户户都在尽量裁减闲杂人员。请问，这些被解雇的人不去乞讨，或者抢劫（性情豪爽的人更容易走这条路），又能做什么呢？

而且，一面是如此悲惨和贫困，另一面却是不合时宜的奢侈浮华。昔日贵族的仆人们、工匠甚至那些农民，事实上所有的阶层，都在讲究吃穿。诸如赌场、妓院，以及一些同妓院一样声名狼藉的场所，像酒馆之类的地方，还有那些不正当的游戏，像骰子、纸牌、双陆棋、[1]玩球、掷铁饼等，这一切不是很快便会榨干那些嗜好者的钱袋，并导致他们去抢劫吗？

杜绝那些让人们走向堕落的东西吧。通过立法，令那些农舍和乡村的破坏者亲自动手加以修复，或者将其转让给那些愿意修复并打算建设它们的人。严格限制少数富人囤积居奇以及为了自身利益而进行某种垄断的特权。少养活些游手好闲的人。让农业振兴起来，重建纺织业，使之成为可靠的职业，以便有效地安插大批闲散人员。这些人中有的可能已经为贫困所迫而干起了盗窃的行当；有的可能在到处流浪或者做着游手好闲的仆从——这两种情形最终都难免沦为盗贼。毫无疑问，假如你们不去根治这些弊端，而只是夸耀你们对盗贼的惩罚如何公道，是于事无补的。这种表面上的公道，实则是不公和无益的。正如你们让自己的孩子从小就在不良

[1] 英文 backgammon，是一种用作赌具的棋类。

的环境中成长并养成不良的个性，这样日复一日堕落下去，最终会受到惩罚。的确，他们是身为成人而犯罪的，但是在幼小的时候他们不已具有了这种犯罪的倾向了吗？在此，我想问一句，你们难道不正扮演着这种“最初纵民犯盗、而后又充当办盗人”的角色吗？’

当我展开这番长篇大论的时候，那位学法律的人正忙于准备答复。看来，他决定采用辩论家惯用的手法，不去回答你所提出的问题，而是尽量去复述你所提到的观点，以此来显示自己的记忆力有多么的好。

‘当然啦，’他说道，‘你讲得的确精彩。但作为外国人，你所听到的不过是些传闻，根本谈不上了解实情。我将用简短的几句话来说明这一点。首先，我会依次罗列出你的观点；然后，我会指明哪些方面是因为你对我们国家情况无知而导致的歪曲；最终，我可以推翻你的全部论断。好了，就从我所讲到的第一步开始吧，你想要告诉我的好像是以下四个观点——’

‘且慢，’红衣主教打断了他的话，‘假如以这样的方式开始，恐怕你很难用三言两语来作答复。现在你不必如此费力地做出回应，你可以将这个权利保留到下次我们见面。假如拉斐尔和你都方便的话，我希望能安排在明天。

可现在，我亲爱的拉斐尔，我很想听听你的见解。为何你认为对盗窃罪不应处以极刑，或者说，在你看来怎样对它量刑才会更有益于社会呢？我想你也不会认为可以让那些强盗逍遥法外吧。即使面对死刑，有的人还会去盗窃，如果对自己所做的一切不会有所顾虑的话，还有什么力量和恐惧能够阻止这些人去犯罪呢？取消死刑只会被他们视为对犯罪的一种奖赏。’

‘当然，’我回答道，‘我最尊敬的主教阁下，我一向认为，让一个盗窃财物的人偿命是不公正的。在我看来，上天赐予我们的一切财富都比不上人的生命珍贵。如果有人认为这种惩罚针对的是对正义的冒犯和对法律的违背，而不是针对偷东西这件事本身，那么你完全有理由认为这种极端的执法是极不公正的。我们既不赞成曼利乌斯❶式的执法准则——对那些稍有过错的人也要处死；也不敢苟同斯多葛派❷的法律主张，他们将一切犯罪同等对待，以致杀人和盗窃会受到同样的惩罚。如果还有一点公正的话，这二者之间是没有任何类似之处和内在联系的。

上帝规诫我们不要去杀人。难道我们能够因为偷了点钱而轻易地将人处死吗？如果上帝戒杀的禁令由于与人类的法律规定相矛盾而得不到遵守，那么又有什么能够制止人们将强奸、私通以及伪誓视为合法呢？上帝剥夺了人类杀害他人和自杀的权利。然而，人们却彼此默许在特定的情况下可以

❶ 曼利乌斯（Manlius Toquatus）——古罗马政治家，在他第三次担任执政官时，他的亲生儿子不顾他的禁令擅自作战，尽管取得了胜利，但却因为违反纪律被他下令处死。

❷ 斯多葛派——指古希腊哲学家芝诺（Zeno，约公元前300年）所创的学派，因在雅典集会广场的廊苑（英文 stoic，来自希腊文 stoa）聚众讲学而得名。该学派后期主张“一切罪恶都是均等的”。

处死一个人。如果人们所达成的一致意见具有如此的威力，以致可以使这些上帝的仆从们违背上帝的戒律，在从上帝那儿无任何先例可循的情况下按照人类制定的法规去处死一些人，那么岂不是意味着上帝的戒律只有在人类法律许可的范围内才能生效吗？其结果将会是：面对任何事情，人们都会采取同样的手法，决定到底应该在什么程度上遵守上帝的戒律。

摩西的立法是严酷的，因为它是用来对付那些奴隶和顽民的。尽管如此,对盗窃的惩罚也只是科以罚金,而并非处死。上帝在《圣经》[1]中训示我们要像父亲对待儿子那样，很难设想他会允许我们彼此残杀。

这些便是我认定这种惩罚不合法的理由。另外，事实上任何人都能够看出，将盗窃犯和杀人犯施以同等处罚，对一个国家而言是多么荒谬乃至危险。假如一个盗窃犯意识到，仅仅是盗窃就会面临着与杀人犯同样严厉的惩罚，那么这个原本只想去盗窃的人，便有可能连人也一起杀掉。除非能保证被抓到后不会有太大的危险，否则为了能让自己更为安全，就必须干掉知情者来掩盖罪行。因此，当我们用酷刑去恐吓盗贼时，却给无辜的平民带来了灭顶之灾。

至于人们常常谈论的有关采取更为合理的惩办方式这个问题，在我看来，相比那些较差的方式，找到一种较好的方式要容易得多。我们很早就从古罗马那里了解到的治罪方

[1] 指《新约全书》。

式——将那些被判重罪的人罚去采石开矿，让他们永远戴着镣铐——对国家治理是那般地有效，为何在我们这儿却遭到了怀疑？

可是在这方面，我还没有发现有哪个国家的惩办方式，比我在所谓的波利莱瑞塔人[1]那儿所看到的更为有效了。那是我在一次旅行中，从波斯尼亚境内见到的一个国家。这个国家人口众多而且治理有方，除每年向波斯国王进贡外，他们拥有自由并按自己的法律实行自治。他们居住的地方远离海洋，几乎四面环山，完全用自己土地上的物产来满足自身的需求。因此，他们很少与其他国家往来。这个国家由来已久的传统是不对外扩张领土，而且，凭借着崇山峻岭和向霸主进贡，他们可以轻易地避开各种外来侵略。因为根本不好战尚武，他们生活得虽然默默无闻，但却舒适幸福。就连他们民族的名称——我想，除了他们的近邻之外——也很少为世人所知。

在这个国家，那些被判为盗窃的人须将盗来的东西物归原主——而不像我们在其他地方经常见到的，要上缴国王。在他们看来，国王并不比窃贼更有权力得到这些东西。但是如果原物已失，则要估定价格让盗犯赔偿，赔偿后剩余的财物全部交给盗犯的妻子和儿女。盗犯本人被判罚做苦役。如罪行不重，犯人既不用去坐牢，也不用戴上脚镣，他们身体自由，但须从事公共劳动。对于那些拒绝劳动或者表现懒惰

---

[1] 波利莱瑞塔人（Polylerites）——该词由希腊词杜撰而成，意为“胡言乱语”。

的罪犯，也不会给他们戴上脚镣，而是用鞭笞来令他们悔悟。那些做工勤快的犯人，则根本不会受到侮辱和伤害。唯一的检查是在每天晚上，点名以后，他们要被锁在居所里。

除了不停地做工之外，他们的生活没有丝毫痛苦。例如，由于对公共事业有利，他们的伙食由公共开支负担，当然支出的方式在各地不尽相同。在一些地方，这笔费用是募捐而来的。尽管这种方式不太稳定，但往往比其他方式更为有效——因为波利莱瑞塔人是乐善好施的。在另一些地方，则拨出固定的公共税收来支付这笔费用。还有的地方，通过规定特别的个人税来筹措资金。的确，在有些地方罪犯不必从事公共劳动，但是只要私人需要劳动力，他们便可以随时从市场上以低于自由民的固定工资来雇用这些犯人。而且，假如被雇用者懒惰，雇主可以对他们鞭笞以示惩罚。这样一来，犯人们总会有工作，除了用来养活自己之外，每天还能为国库增加收入。

他们所有人穿的都是同样的衣服。他们不剃头，只是耳边做些修剪，一只耳朵的顶部被切掉。❶他们可以接受朋友们送来的饮食和符合规定颜色的衣服。而赠与金钱，则无论对赠与者还是受赠者都是重罪。不论何种理由让一个自由人从犯人那儿得到哪怕是一便士，或者让奴隶们（这是犯人们

❶ 此刑在亨利八世时曾经用过。“凡再度以流浪罪被捕的，除受鞭打外，还要被割去半只耳朵……”［马克思：《资本论》（第 1 卷），人民出版社 1975 年版，第 803 页］。

的通称）得到武器，都是非常危险的。不同地区的犯人以一种特殊的标志加以区分。假如有人离开本区或者与他区的犯人进行交谈时扔掉了标志，便构成重罪。另外，密谋逃跑者和实际逃跑者都会受到惩罚，如果这件事发生在一个犯人身上，他会被处死——而若是一个自由人便会被罚为奴隶。相反，对告发者则给以奖励，对自由人赏给金钱，对奴隶则恢复他们的自由，而且不再追究他们的同谋罪。这样做的目的在于，决不让那些作恶到底的人比悔过自新者过得更舒坦。

以上我所描述的，便是波利莱瑞塔人在惩治盗窃方面所采取的法律和处罚方式。显而易见，它们是多么的合乎人道，而又多么的便利。公众的愤怒在于根除罪恶，而对于犯人还要去挽救他们，因而在惩办时力求让他们能够改过迁善，利用自己的余生将功补过。

另外，无须担心这些人会旧病复发。即使是那些雇用奴隶作向导的游客们，也无须为自身的安全担心。每到一个新的地区，都要在交界处换上这个地区的奴隶。奴隶们根本不具备抢劫的条件。他们没有武器，也被禁止随身带钱。等待着那些被捕者的是严厉的惩罚，而他们根本没有逃到安全地方的可能。除非是赤裸裸地逃走，这些穿着与普通人没有丝毫类似之处的犯人们，怎么可能隐匿行踪不被人们发现呢？而且，即使是赤身裸体，他们的耳朵也会让人看出破绽。

那么，这些奴隶是否会串通一气、图谋叛国呢？难道能有任何一个地区的奴隶——在没有同其他地区奴隶事先通气和勾结的情况下——取得成功吗？事实上，不同地区的奴隶们之间根本不存在密谋的机会，他们甚至连见面、谈话和相互问候都不可能做到。更不会有犯人胆敢将密谋泄露给他的同伙，因为他们深知隐瞒是危险的，而告发则会获得奖励。另一方面，如果一个人能够甘愿认罪并且有改过自新的表现，他总会有获得自由的希望。每年他们中的很多人都会因为服从管理而重新获得自由。'

我讲完这些话，接着又谈道：如果英国也能采取这种办法，难道不会比那位学法律的人所赞口不绝的措施更为有利吗？那位学法律的人回答道，'英国如果建立起这样的制度，必然会使国家陷入严重的危机之中。'他边说边摇头咧嘴，接着便缄默不语。在场的人都对他的话点头称是。

接下来，红衣主教开口了：'我们没有尝试过这些办法，很难判断它们是好是坏。如果那些被判处死刑的犯人，得到了英王缓期执行的恩准，在庇护期内倒可以尝试这套办法。假如被证明是成功的，就将这些办法制订成法律。如果失败了，则将那些已经宣判的犯人处死。与立即将他们处死相比，这样做不会给公众带来什么影响。同时，实施的过程也不会存在什么危险。更重要的是，对那些游民[1]最好也采取这种办法。尽管已经颁布了不少针对他们的法令，但在这方面我们

---

[1] 当时制裁游民的法律非常严厉。"……十五世纪末叶和十六世纪，西欧各国都制定了惩治浪人的血腥的法律。""在伊丽莎白时代，'差不多每年都有三四百个流浪汉，成队地被送上绞刑台上'。"［马克思：《资本论》（第1卷），人民出版社1975年版，第803—805页］。

还是收效甚微。'

当红衣主教讲完之后，大家交口称赞起来。而这一切从我口中讲出时，他们又是那么不屑一顾。尤其是提到的与游民有关的那些话，他们更是大加恭维，因为这些话是由红衣主教补充说出的。

我不知道是否应该将接下来发生的事情也讲一讲，因为那太可笑了。不过我还是提一提吧，因为这并没有什么妨害，而且与我们的正题有关。

当时碰巧有个食客在场，他大概想扮演一下滑稽家——而事实上他的表现也的确很滑稽。他本想用他那不合时宜的俏皮话来逗乐，而实际上他本人却成了大家逗乐的对象。可有时他的话还真说到了点子上，这倒证实那了那句俗话'久赌必赢'。那会儿，碰巧有个客人讲道：

'拉斐尔提出了惩治盗贼的好建议，红衣主教也提出了针对游民的预防措施。现在接下来要做的是，国家应为那些因年老或生病而不能工作的人提出解决方案。'

'让我来吧，'这位食客自告奋勇道，'我会将他们治理得服服帖帖。我巴不得这些人在我面前消失得无影无踪。他们那哀声乞讨的样子总是让人心烦。可是任他们怎样哀求，都不会从我这儿掏走一个子儿——要么是我不想给，要么是我手头恰好没带钱。所以，现在他们变聪明了。他们见到我从身边经过，便一言不发，不想再白费力气了。他们对从我这儿得到点什么已不存幻想，就好像面对的是一位传教士。依我看来，应通过一条法令，把所有的乞丐分派到各个本尼迪克特[1]寺院去，让男人去做不上册的和尚，让女人去做尼姑。

红衣主教笑了起来，觉得这不过是个玩笑。可是其他人却对此认真起来。其中有一位神学家，他是一个托钵僧[2]，听到了这些有关传教士与和尚的玩笑也显得很兴奋。尽管他一向极为严肃，现在也想来凑个热闹。

‘那可不行，’他讲道，‘除非能对我们有所关照，否则不是连我们这些托钵僧也要绝迹了吗。’

‘可是这样做，已经关照你们了，’食客反驳道，‘主教大人已经做出了英明的决定，要把游民们监禁起来一起做工，而你们正是第一号的游民呀。’众人注视着红衣主教，看到他像对开过的其他玩笑一样，并没有表示反对。于是，也都纷纷表示赞同。只有那位托钵僧例外，这番讽刺深深刺痛了他，他大怒起来，禁不住对那个食客破口大骂。他骂对方是恶棍、诽谤者、该下地狱的家伙，并引用《圣经》上的话来诅咒他。现在，那位滑稽家倒认真嘲笑起来了，而且显得很在行。

‘发火，我的好托钵僧，《圣经》上讲：“你们常存忍耐，就必保全灵魂。”’

于是，托钵僧回敬了他一句，他的原话是‘你这该死的家伙，我倒是不生气，至少我没有罪过，就像赞美诗中所言

---

[1] 本尼迪克特——罗马天主教中最大、最富有的僧团，得名于其创始人本尼迪克特（Benedict，480—543 年）。

[2] 托钵僧——天主教僧侣团体之一，以云游布道、托钵乞食的方式区别于其他修道院僧侣组织。

“生气却不要犯罪。”’

这时，红衣主教也和颜悦色地劝那位托钵僧冷静下来，可是他却答道：

‘不，我的大人，我这样激动完全是出于焦急之心。我应该这样做，因为圣洁的人们会拥有一颗焦急的心。《圣经》里讲道：“我为你的殿心里焦急，如同火烧”。[1]教堂里回荡着这样的歌声：“当以利沙[2]向教堂走去，那些嘲笑者们也感受到了这位秃头的焦急之心。”那个开玩笑的家伙虚伪而下流，他也该有同样的感受吧。’

‘或许’，红衣主教说道，‘你的这种表现出于正当的心理。但是在我看来，如果你不去同那些傻瓜和爱开玩笑的人计较，你不就显得更有德行、至少更为聪明吗？’

‘不，我的大人，’他回答道，‘我不会表现得更聪明。最聪明的人所罗门讲过：“用傻瓜的方式去对待傻瓜”，[3]我现在就是这样做的。我向他指出了，他如不小心谨慎便会掉进那个深坑。如果许多嘲笑者去戏笑秃头以利沙，那么只能感受到一个秃头的焦急之心；而当一个嘲笑者去戏笑众多的托钵僧时，他又会感受到多少个秃头的焦急之心呢？而且，我们还有教皇的御旨：对那些胆敢嘲笑我们的人，可以开除他们

---

[1] 见《旧约全书诗篇》第 69 篇第 9 节。

[2] 以利沙（Elisha）——生于主前 9 世纪中叶，是以色列国的先知。他的秃头有一次引起了一群孩子的嘲笑，他咒诅了他们。于是有两个母熊从林中出来，撕裂他们中间四十二个人。

[3] 见《旧约全书箴言》第 26 章第 5 节。

的教籍！’

红衣主教意识到这件事不好收场，便示意那个滑稽家退下，并借机将话题引开。不一会儿，他便站起身来，要去听取诉状，就此打发我们离开了。

看，我亲爱的莫尔，我啰嗦了这么长时间，让你听腻了吧。实在抱歉，我展开得太多了。可看起来你不但很想听下去，而且似乎还不愿意放过任何细节。尽管有些简略，我还是尽可能把这次谈话叙述清楚，以便让大家看清这些人的态度。他们一开始对我所说的一切纷纷表示反对，但接下来，当看到红衣主教没有表示反对时，他们也就赞同起来了。他们对红衣主教是如此阿谀奉承，以至于连那个食客的胡言乱语——那些被主教视为玩笑而没有表明反对态度的事情，也会自以为是地拿来赞许一番。从这些表现中你就可以判断，我的意见在这些谄媚的朝臣眼中会有多大的分量。”

“老实讲，我亲爱的拉斐尔，”我评论道，“你让我感到非常快乐，因为你所讲的一切既有道理，又很风趣。你所讲的这些事情，不仅让我感到自己回到了家乡英国，而且由于对红衣主教的美好回忆，也使我感到仿佛又回到了童年时代，我的孩提时代正是在他的家里长大的。我本来就喜欢你，由于你对红衣主教的深切怀念，更增加了我对你的喜爱。然而，即便到现在，我仍然没有改变自己的看法。我坚持认为，假如你回心转意，不回避帝王们的宫廷，你就能够通过你的建议而为民众的幸福做出更大的贡献。这是你最重要的使命，也是任何一个善良的人应尽的责任。你所尊崇的柏拉图就认为，只有当哲学家成为国王或者国王去研究哲学时，国家才能够幸福安乐。[1]假如哲学家们不愿意去向国王献计进言，幸福安乐将会离我们多么遥远啊！”

“哲学家们并非不愿意这样做，”他回答道，“事实上，很多人已经在他们的著述中这样做了，只需统治者们加以采纳而已。然而，柏拉图的确也曾经预言过：如果国王本人不去研究哲学，他们便永远也不会采纳真正哲学家们的建议，因为他们自幼便受到了错误观念的熏陶。在与狄奥尼西奥斯国王[2]交往的亲身经历中，柏拉图悟出了这一真理。假如我向某位国王提出一些有益的建议，试图根绝他灵魂深处那些邪恶和堕落的种子，难道你不能预料到我很快会被流放他乡或遭人耻笑吗？

现在，假设我正在法王的宫廷里，参加他的枢密会议。在这个由国王亲自主持的绝密会议上，一群最精明的谋臣们正在绞尽脑汁盘算着采取何种巧妙的计策可以保证法王拥有米兰[3]，夺回失去的那不勒斯[4]（该地已摆脱了法王的控制），

---

[1] 柏拉图曾声称“除非哲学家成为我们这些国家的国王，或者我们目前称之为国王和统治者的那些人物，能严肃认真地追求智慧，使政治权力和聪明才智合而为一；那些得此失彼、不能兼有的庸庸碌碌之徒，必须排除出去，否则的话……对国家甚至我想对全人类都将祸害无穷，永无宁日。”（《国家篇》473D）

[2] 狄奥尼西奥斯——即小狄奥尼西奥斯（Dionysius II，公元前397年—公元前343年），曾经邀请柏拉图做过自己的哲学老师。

[3] 米兰（Milan）——意大利城市。当时属于维斯康提（Visconti）家族所有，该家族与法王路易十二有血缘关系。

[4] 那不勒斯（Naples）——意大利城市。当时已经摆脱了企图占领它的法王。

接着击败威尼斯并征服整个意大利[1]。然后将佛兰德斯、布拉班特[2]置于法王控制之下，最终占领整个勃艮第[3]以及那些法王早就有意吞并的国家。

在这次会议上，有人提出应该同威尼斯人缔结一个条约，只要国王认为有利便可让该条约持续生效，有事同他们商议，甚至可以让他们储存部分战利品，等到一切都如愿以偿时，这些东西便可取回。有人建议招募德意志雇佣兵。有人提出用金钱收买瑞士人。有人主张用黄金做贡物去消除那位至高无上的皇帝[4]心中的怒气。有人认为应当同阿拉贡国王[5]和解，为保证和平，可将本属别人的纳瓦拉[6]割让给他。有人提出借卡斯提尔国王期望与法国联姻来诱他上钩，同时用固定的年金去收买他朝廷上的那些重臣，使他们倒向法国。

现在面临的最棘手问题便是：如何对付英国？他们一致认为应该进行和平谈判，因为最脆弱的联盟只能靠最坚固的

[1] 当时的意大利由五个分离的、独立的国家（米兰、佛罗伦萨、罗马、威尼斯和那不勒斯）以及和它们有联系的许多小的封建管辖区组成。

[2] 布拉班特（Brabant）——古代欧洲西北部的封建公国，公元9世纪时属洛泰尔王国的一部分。1430年，法国的勃艮第公爵家族获得了对布拉班特的统治权，1477年转入哈布斯堡家族手中。18世纪末，法国大革命的爆发结束了布拉班特公国的存在。北部形成了今荷兰的北布拉班特省，南部成为比利时的一部分。

[3] 勃艮第（Burgundy）——位于法国东南部，自9世纪起为独立公爵领地，1477年被法国兼并。

[4] 指神圣罗马帝国皇帝马克西米利安一世（Maximilian Ⅰ,1508—1519年在位），哈布斯堡王朝鼎盛时期的奠基者。

[5] 指英王亨利八世的岳父斐迪南。

[6] 纳瓦拉（Navare）——今西班牙北部一个自治区。历史上曾经是一个独立王国，由于女系继承权，由法国各显贵家族轮流统治，但阿拉贡国王一直对它存有野心。

契约来维系。但在将英国人称为朋友的同时，也不要忘记他们是仇敌。因此，必须要让苏格兰人做好准备，一旦英国人稍有风吹草动，就让他们乘机对它下手。此外，由于条约规定不便公开行事，还必须秘密赞助某个流亡贵族，让他不断地向王位发起挑战，借此来牵制那位不值得信任的英王。

瞧，在这样一次会议上，人们是如此的卖力，那么多杰出人物争相兜售着一些好战尚武的建议。像我这样一个无足轻重的人，如果站起身来建议改变话题，那会出现什么结果呢？假设我提出不要去干涉意大利；假设我主张，我们应待在家中，一个法王管理好偌大的法兰西王国已经实属不易，因此国王不应梦想着去扩张领土；然后，假设我去给他们讲述一下居住在乌托邦岛的东方和南方大陆上的阿科里亚人[1]所做的决定，情况又将如何呢？

曾经有段时间，阿科里亚人为了自己的国王而向另一个王国发动了战争，这位国王声称凭借旧的联姻关系，他是该王国的法定继承人。当他们占领了这个王国后，却发现保住它甚至要比夺取它遇到的麻烦更大，内部叛乱和外部入侵的苗头不断出现。阿科里亚人意识到他们将不得不经常战斗，以保护这里的人民免遭入侵并镇压来自他们的叛乱，为此就必须维持一支常年处于戒备状态的军队。同时，他们自身也元气大伤，金钱大量地流到国外，他们要为别人不值一提的荣誉而血洒战场，失去了以往的和平。由于战争，国内的风

[1] 阿科里亚人（Achoriens）——用希腊语杜撰，意为乌有之乡的人。

气每况愈下，大肆劫掠随处可见，战争中的杀戮让人们铤而走险去犯罪，法律也被任意践踏。这一切都起因于国王，由于国王对两个国家的管理分散了精力，结果连一个国家也治理不好。

最终，鉴于没有其他办法来结束这一切灾难，经过商议，他们很客气地请求他们的国王从这两个王国中挑选一个归他统治。他不能同时拥有这两个国家，因为他无从分身去统治那么多百姓，就如同谁也不会赞成由两个主人共同雇用一个骡夫。这位可敬的国王被迫选择了自己的王国，而将新得到的王国交给了他的一位朋友，但他的这位朋友不久便被赶走了。

再者，假定我讲完了这一切，然后指出正是由于法王的原因，才导致了穷兵黩武，而使许多国家陷于一片混乱。在令国家财政枯竭、人民遭殃之后，最终却闹剧般地一无所获。因此，他不如照看好这个祖宗留下来的王国，使它尽可能保持繁荣昌盛，去爱自己的臣民，并获得臣民的爱戴；同他们生活在一起，并对他们施以仁政。因为所拥有的对他而言已经足够了，所以不必再去打其他国家的主意了。我亲爱的莫尔，对于我所讲的这些，你认为我的听众们会有怎样的反应呢？”

“当然，他们的反应不会太好。”我答道。

“好了，让我们继续讨论下去吧，”他接着说，“假定有位国王正在同他的一些谋臣们商谈，来探讨一些能够为国王聚敛财富的办法。有人建议，可在支付时将货币升值，而在收进时将币值贬到标准值之下。这样，便可双收其利。既可以用少量的现金去支付大量的债务，又可以靠少量的债权获得大笔的现金。有人建议，通过大造战争声势来筹集财物，然后在一个恰当的时候，庄重地宣布议和，以蒙蔽善良人们的眼睛。这样在人们看来，正是他们那仁慈可敬的国王不忍涂炭生灵。

有个谋臣向国王提到了一些老掉牙的法律，由于长期废置，人们已经记不清是谁制定的了，因此也不会有人去遵守。国王正好可以对那些违反者科以罚金。没有什么办法能比这更有利更体面了，因为这样做打的是正义的幌子。有人建议国王对很多事情，尤其是那些与人民利益相违背的事情要重罚加以禁止。此后，再向那些利益遭到这些禁令妨碍的人们收取费用，特许开禁。这样做不仅会博得老百姓的拥护，而且也可双收其利：一方面可向那些因贪图横财而落入法网的人收取罚金；另一方面可以向另外一些人出卖违反禁令的特权。而且，要价越高表明国王越贤明。因为这意味着国王不愿意因少数人的特权而损害大多数人的福利；否则的话，这些人付出高昂的代价。

有人奉劝国王要对法官们有所约束，不论判决什么案件都必须做到对国王有利。而且，如果审判与国王有关的案件，需将他们召进宫来当面审判。这样做可能会出现明显的不公正，不过也没有什么关系。这些法官们本来就是不公正的，他们要么出于成见去反驳别人，要么不愿流于常人的观点而去标新立异，要么为了巴结权要曲解那些存在漏洞的法律条文。有时，尽管案件本身是一清二楚的，但由于法官们意见相左，却引起了一番争论，真理受到了怀疑，这样便为国王从自己的利益出发去解释法律提供了机会。其他的人或者恬不知耻，或者内心恐惧，纷纷随声附和。（这样的判决最后竟也被称之为由法庭作出的！）就这样，站在国王的立场上去判决，永远也不用担心找不到借口。对国王而言，这样的借口太多了：或是称正义与国王同在，或是举出些法律条文的字句，或是对书面文字的含义加以曲解，或者最后干脆搬出国王那无可争议的特权，而这一点对那些尽职尽责的法官们而言则是凌驾于一切法律之上的。

所有的谋臣们都赞成格拉苏[1]的名言：对一个统治者而言，无论有多少金钱都不能言多，因为他要供养一支军队。况且，无论国王如何想去做错事，事实上他也不会做错，因为凡是老百姓所拥有的，包括他们自身，无不属于国王。所谓百姓自己的财产不过是由于国王的恩典而没有从他们身边取走的那部分而已。属于百姓自己的财产越少则对国王越有利，因为随着百姓自由和财富的增长，他们的傲慢也会不断滋长，而这会对王权的安全构成威胁。有了财富和自由，他们便不肯忍受粗暴和不公正的政令。而相反，贫困则会挫伤

[1] 格拉苏（Grassus，公元前约 115—公元前 53 年）——罗马富豪，与凯撒、庞培同为第一次三头同盟的成员。

他们的志气，养成忍耐的心理，使受压迫者失去高贵的反抗精神。

假使在此我又站起来指出，这些谋臣们的建议，对国王而言不仅是不光彩的而且是危险的。国王的荣誉，乃至安全是以人民的富裕为基础的，而不能仅靠他个人的财富来维系。假定我向他们建议，应该挑选这样一位国王，他为公众谋福利，而不是仅仅替自己作打算，简言之，通过他的辛勤努力，百姓们能够安居乐业而且免受冤屈和不公正的待遇。正是因为这一点，国王更应该关心的是他的百姓，而不是他个人的幸福。这如同一个牧羊人所应履行的道德责任：只要他作为一个牧羊人，首先要喂饱的是他的羊，而不是他自己。

活生生的现实表明，他们所谓的‘百姓贫穷便会使和平得到保证’的观点，是完全错误的。在哪里你可以看得见比乞丐人群中更多的争吵呢？有谁会比那些不满足于生活现状的人更热切地盼望革命呢？又有谁会比那些一无所有的人更无所顾忌地设法去扰乱一切，以便于从中得到好处呢？如果现在有这样一位国王，他对他的国民而言是如此的可鄙和可憎，以至于他只有靠侮辱欺凌、巧取豪夺，以及没收并迫使国民变成乞丐这样的方式来统治他们，那么他还不如放弃自己的王位。因为这样做他只是保留了国王的名称，而毫无国王的尊严。当一位国王在行使权力时所面对的是一群乞丐，而不是繁荣幸福的人民时，他又有何尊严可言呢！这也正是正直而高贵的腓布里喜[1]的观点，他曾对别人讲，他宁愿去治理那些富裕的人民，而不愿让自己富裕。

的确，如果只有一个人在享乐纵欲，而周围却是一片呻吟抱怨之声，这便意味着他称不上是一个王国的治理者，而只是一个监狱的看守。总之，正如治好一种疾病却带来另外一种疾病的人只是一个庸医，那些只能通过剥夺百姓幸福而去改善百姓生活的人，应当承认他根本不具备治理自由人民的能力。

是的，国王应该改变他自身的懒惰和傲慢。因为这两种弊病会导致人民对他的蔑视与憎恨。他需靠自己的财富去生活，因此必须量入为出。他应该制止危害和犯罪，正确地教育他的国民，让他们预防犯罪，而不是纵容他们去犯罪然后再加以惩处。他不应该将那些废弃不用的法律，尤其是那些废弃了很长时间而被人们所遗忘的法律，仓促地付诸实施。他不能以没收充公为由去占有罚金，这在法庭上是绝不允许的，被视为一种诈骗行为。

假使我给他们讲起马克里亚人[2]的法律，情况又会怎么样呢？马克里亚人居住的地方离乌托邦并不很远。在他们的国王登基的那天，都要举行庄严的祭祀仪式，宣誓他的内库里绝不会拥有超过一千磅的黄金，或者与此价值相当的白银。

---

[1] 腓布里喜（Fabricius，？—约公元前 250 年）——罗马执政官及将军，以清廉著称。

[2] 马克里亚人（Macarians）——出自希腊语，意为快乐的人。

据说，这条法律是由一位非常贤明的国王制定的。这位国王关心国家的利益甚于关心自己的财富，他试图以此来防止因国王横征暴敛而使百姓陷于贫困。在他看来，一千磅对于国王用来平定内乱和抵御外侮已经足够了，但这笔钱又不是太多，还不足以激起他的侵略扩张野心。而后者正是这条法律的根本目的。他提出这条法律的另外一个理由是，它能够防止老百姓在日常经营交易中可能出现的通货短缺。他觉得，既然国王必须将超过法律规定限度的那部分库金交出来，他便没有机会去索取不义之财。这样的国王会令坏人害怕，而受好人爱戴。总而言之，假如我想多管闲事，将上述想法讲给那些与我意见截然相反的人听，岂不成了对牛弹琴吗？”

“无疑，他们的确是一群聋子，”我表示赞同道，“而且，老实讲，我对此并不感到吃惊。你所讲的这一切对那些人是不会起作用的，既然他们不愿意听，你就没有必要那样热心地去给他们讲。对那些已经被先入为主的相反观点所左右的人而言，你的这些非同凡响的见解对他们又有何益，怎能打动他们的心？在与亲密的朋友们闲聊时，你的这套经验哲学还不失为风趣，可是到了讨论那些左右一切大事的国王们的会议上，你的这些观点就没有什么位置了。”

“这正与我的观点不谋而合，”他回答道，“哲学与统治者是无缘的。”

“是的，”我说道，“对于那种经院哲学而言，哲学的确是与统治者无缘的。不过，还有另外一种哲学，对政治家更为实用。它深知自己活动的舞台，能够很好地适应剧情，能灵巧而恰如其分地扮演剧中的角色。这才是你应该采用的哲学啊！否则的话，便可能出现这样的情景：正在上演一场普劳塔斯[1]的喜剧，一群家奴们正在台上彼此打诨，这时你却披着哲学家的外衣走上台来，朗诵起悲剧《屋大维娅》中辛尼加与尼禄皇帝的争辩[2]。如此不合时宜的朗诵，只会将这场戏搞成一幕不伦不类的悲喜剧，还不如你默不作声地走上台去。如果你将一些无关紧要的东西掺入剧中，即使这些东西本身再有价值，也会破坏原来的剧情。所以，把正在演出的戏演好，不要因为你想起了另外一些更有趣的东西而使这场戏受到干扰。

对一个国家而言如同此理，而对于一位国王的会议而言也是如此。如果你对那些谬论曲解不能加以根除，那么就只管去做那些你能够做到的事情吧。但是，你绝不能因此而抛弃自己的国家，正如同狂风来袭之时，你不能因为无法让风停下来而抛弃你的船一样。

从另一方面看，你不必将那些持相反意见的人们看来很难接受的一些新奇观念，强加给他们。相反，你应当旁敲侧击，尽量用巧妙的方式来解决问题。尽量不要使那些不能有所好

---

[1] 普劳塔斯（Plautus，公元前254—公元前184年）——古罗马喜剧家。

[2] 《屋大维娅》（Octavia）——古罗马的一部悲剧，被认为是罗马作家和哲学家辛尼加（Seneca）所做，但实际并非出自他的手笔。辛尼加做过罗马暴君尼禄（Nero，54—68年在位）的教师。尼禄因故不喜欢第一个妻子屋大维娅，后将其处死，辛尼加对尼禄企图遗弃妻子提出抗议，二人开始了这场争辩。

转的事情变得更糟。要想使事情变好，除非让每个人都能变好，而对于这一点，我是不敢奢望能够在短期内做到的。”

“如果采用了这种办法，”他评论道，“我什么也做不成。只会在试图去医治他们的精神失常时，弄得自己也精神错乱。要想坚持真理，就必须像我那样去陈述自己的观点。在我看来，哲学家可能天生会说谎，而我肯定不会去那样做。虽然我所讲的一切，那些谋臣们可能不愿听或者不同意，但也看不出这些话会奇怪到荒唐的地步吧。假如我将柏拉图在他的《理想国》[1]中所设想的，以及乌托邦人在他们国内所实行的制度讲出来，他们又会有何反应呢？尽管那种制度是优越的（事实上，它也的确是优越的），人们仍然会感到奇怪。因为，在我们这里人们有权拥有私有财产，而在他们那里一切都是公有的。

对于那些决意要在绝路上走下去的人而言，他们不会欢迎那些唤其回头并指明前路危险的人们。然而，除此之外，我的讲述中有哪些内容是不适合或者不应公开提出的呢？的确，如果按照人们墨守成规的品性，只要是超乎一般、不合常理的事情，均被视为离奇古怪而加以抛弃，我们便会对几乎所有的基督教教义视而不见。可是，基督不但禁止我们对这一切视而不见，而且命令他的弟子们将他对他们低声附耳讲过的话，在屋顶上公开宣讲。[2]与我的谈话相比，基督的

---

[1] 莫尔熟知柏拉图的《理想国》，在《乌托邦》中他多次引用这部著作。

[2] 见《新约全书路加福音》第 12 章第 3 节。

大部分教诲离人们的道德相去更远。可是狡猾的传教士们，在发现人们非常不情愿按照基督教的准则去修正自己的道德时，就会使自己的宣讲顺应人们的道德，基督的教规如同一根软尺一般。这些传教士们就像是听从了你的劝告一样，至少在某些情况下，二者之间有着一致性。采用这种办法，除了可以让人们更安心地去做坏事外，我看不到能有什么收获。

当然，我在国王的会议上也同样不会发挥什么作用。因为在那儿，我要么坚持一种与众不同的观点，那便等于什么也没有说；要么赞同他们的观点，那么借用特楞斯戏剧里的密喜俄[1]的话说，那就使他们变得更加疯狂。至于你所提到的旁敲侧击的方式，我看也不太合适。我指的是你所提到的，当我的一切努力均于事无补时，至少要尽力见机行事，而不至于使事情变得更糟。在国王召开的会议上，一个人不可能视而不见，也不可能装聋作哑。他必须公开赞成那些最糟糕的意见，支持那些遗害无穷的旨喻。如果有人对那些糟糕的建议有一丁点儿赞美不到的地方，他便会被视为间谍，乃至于叛国者。

而且，你根本没有机会去做任何有益的事情。因为与你共事的这些人，会很轻易地把那些哪怕最好的人也带坏，更谈不上去改造自身了。与他们的这种不良交往，要么会使你自甘堕落；要么你虽能独善其身，但却要去为别人的丑恶和

---

[1] 密喜俄（Mitio）——罗马作家特楞斯（Terence，公元前 184—公元前 159 年）的喜剧《兄弟》（Adelphi）中的人物。

愚蠢做掩护。因此，你的所谓旁敲侧击的办法也是于事无补的。

正是因为这个原因，柏拉图曾经做过一个绝妙的比喻，指出哲学家们何以不会参与国家的管理。哲学家们看到人们涌向街头，浑身都被阵雨淋湿，却不会劝他们进屋避雨。❶哲学家们明白：如果他们走出来，不仅不能将人们劝进屋里，而且还让自己也同其他人一样被淋湿。因此，既然不能去治愈别人的愚蠢，那么自己能够待在家中安然无恙，也便可聊以自慰了。

不过，亲爱的莫尔，我想把发自内心的感想也对你和盘托出了。我感到，只要存在私有制，人们在衡量一切事情时都采用金钱标准，那么这个国家就不可能是实现公正和繁荣。除非你认为：一切最美好的东西由最坏的人去享受，才称得上公平；极少数人去瓜分属于大家的财富，才称得上繁荣。这极少数人也许过得并不算充裕，但他们却使得其余的大多数人民穷苦不堪。

因此，我的心头经常涌现出乌托邦人那些贤明而圣洁的制度。在他们那里，尽管法律极少，可是一切事物都是那般井然有序：美德总会得到回报，而且，实行平均分配，人人都过着富足的生活。这时，我又会将他们的政策与其他一些国家相比较，尽管这些国家制定了不少法规，但却从来没有建立起良好的秩序。在他们那里，不管一个人得到了什么，

❶ 见柏拉图《理想国》，六，496。

也都要将其宣布为私有财产。在那里有不少法律，用以保护、防卫私人财产，乃至用以区分那些不断有人声称是属于自己财产的物品的归属问题。尽管每天都会有这样的法律颁布，但还是不够用。那些不断发生的无穷无尽的争讼，便可清楚地表明这一点。我想重复一点，每当我思考这一切的时候，我就更加赞赏柏拉图，他拒绝给那些不肯按照法律平均分配财富的人制定法律，也便不足为奇了。

这位充满睿智的贤者轻而易举地预见到，走向共同幸福的唯一道路在于做到一切均等。我一直怀疑，在那些将个人所得视为私有财产的地方，是否能够做到一切均等。如果人人都以努力去占有一切财富为目标，那么不管这个国家多么富有，当所有的财富被少数人瓜分之后，留给其余多数人的则只能是贫穷。一般而言，这两类人的命运是应该调换过来的，因为那些富人是贪婪、凶狠、毫无用处的；而那些穷人则正直朴实，终日辛勤劳作，对国家所做出的贡献远远超过了他们自身所得。我深信，除非彻底废除私有制，财富的平均分配才能公正，人类的生活才能真正幸福。只要私有制存在，那么人类中的绝大多数，而且主要是那些最优秀的部分，便会仍然承受着贫穷和不幸那难以逃脱的重负。

我承认，这一重负在一定程度上可能会有所缓解，但我坚信要把它完全卸除是不可能的。可以通过一项法令，规定每个人拥有特定数量的土地，而且每个人的货币收入不能超过法定的数额。还可以颁布特别的法律，防止国王专权，防止国民僭妄，以及制止卖官鬻爵，损公肥私。如不采取这些措施，就会诱使人们通过欺骗掠夺的手段去充实私囊，这样必然会导致本应由贤人担任的官职为富人所顶替。通过这类法律可以使弊端有所减轻，矛盾有所缓和，正如同对那些病入膏肓的人不断地进行治疗也可延长他的生命一样。但是，只要每个人都是自己财产的主人，要治愈社会弊端或者恢复健全的状态便没有希望。而且，当你设法治愈了某一方面病情的同时，另一方面的病情便有可能加重。因此，一病方除，一病复发，病情只是不断转移，而并没有得到根治。"

"可是"，我说道，"我的看法却与此相反。在一切都归于公有的条件下，一个人不可能生活得美满。当人们不愿意去从事生产劳动时，怎么可能拥有充足的产品呢？因为那时候个人不会有自身利益作为工作的动力，并且由于总指望别人去劳作而变得极为懒惰。同时，当每个人被需要所驱使，而他们自己的所得又得不到法律的保护时，难道不会导致经常性的流血和暴乱吗？尤其是当执政者丧失了权力和威信时，这种情况更是在所难免。因为，有了这种令人难以设想的在一切方面完全平等的人们，执政官也就没有存在的必要了。"

"我毫不奇怪"，他回答道，"你会如此看待我的观点。因为，对于我所讲到的那个地方，你是不可能想象到的，或者你的想象可能会同实际情况相去甚远。你如果能够像我一样到过乌托邦，同我一样亲身体验过那里人们的行为方式和风俗习惯就好了！我曾经在那儿生活了五年，要不是想让世人知道那个世外桃源，我永远也不愿意离开那里。假如到过那里，你就会坦然地承认，除非在那里，你不会在任何地方见到生活得那般的井然有序的人民。”

“可是，毫无疑问，”彼得反驳道，“你很难让我相信，在你所发现的那个世外桃源里，会有比我们所知道的这个世界上生活得更加井然有序的人民。在我们所知道的这个世界上，我料想有与乌托邦人不相上下的智慧，而且有比那里历史更为悠久的国家。在这些国家里，长期积累下来的经验为我们提供了许多对人类生活有益的发明创造，更不用说那些除非人类的智慧才能够达到的偶然发现了。”

“关于国家历史的悠久程度，”拉斐尔反驳道，“如果你读过有关那个世界的历史，你就会建立起正确的认识。如果这些历史值得相信，那么当我们这里还没有出现人类的时候，他们那里就已经有了城市。并且，不论是智力的发明，还是偶然的发现，迄今为止我们这里所有的，他们那里也同样拥有。但是，可以肯定的是，即使我们在智力方面胜过他们，我们也远不如他们实干和勤勉。

根据他们的编年史，直到我们在乌托邦登陆之前，他们对我们这个世界的情况还是一无所知（他们把我们称之为‘赤道以外的人’），一千两百年以前，曾有一艘船被暴风雨吹到那里，在乌托邦岛附近失事。一些罗马人和埃及人被冲到了岸上，从此便没有离开那里。请看，乌托邦人是多么勤奋！他们很好地利用了这个机会，凡是罗马帝国所拥有的有用的技艺，他们都加以学习。有些是直接从这些失事的乘客们身上学来的，有些是他们根据一些研究线索自己发现的。仅仅是我们的几个人在一个偶然的机会漂到了他们岛上，他们竟会得到如此巨大的收获。

可是，假如命运把某个人从他们那儿带到我们的国土，我们可能很快便忘得一干二净，正如后世可能会将我们曾经到过他们那儿也忘得一干二净。因此，不难想象，尽管刚一接触我们的人，他们便会迅速将我们所有优秀的发明都加以吸收运用；但我们要采用他们那些优越的制度，则可能需要相当长的一段时间。我认为，这一点在很大程度上能够说明：为什么我们在智慧和资源方面并不比他们逊色，而他们的国家却比我们治理得更好，他们的人民更加幸福繁荣。”

“如果这样的话，我亲爱的拉斐尔，”我说道，“我恳求你，给我们描述一下这个岛吧。不要太简略，请详细说一说你认为我们感兴趣的所有事情：地域、江河、城镇、居民、风俗、法律，等等。请注意，我们特别想知道我们未曾听闻过的那些事情。”

“没问题，”他说道，“我非常高兴这样做，因为我至今对这一切仍然记忆犹新，但细讲起来可能要花好长时间。”

“既然如此，”我建议道，“让我们先回屋用餐吧，饭后我们便可以尽情畅谈啦。”

“好吧！”他答道。

于是，我们一道回屋进餐。饭后我们又回到原处，坐在那条长凳上，吩咐仆人不要让人来打搅我们。我和彼得敦促拉斐尔赶紧开始讲述。他看到我们急于想听，坐定后沉思了一会儿，便开始了如下的讲述。

第一部终，下接第二部。

第二部

杰出人物拉斐尔·希斯拉德关于某个国家理想盛世的谈话，由英国名城伦敦有声望的公民和行政司法长官托马斯·莫尔转述乌托邦人所居住的那个岛屿中部最宽，达到二百里。岛上大部分地区比这个宽度窄不了多少，只是它的两端逐渐变窄。环岛一周有五百里，整个岛看上去就像一弯新月。岛上突出的部分与附近的陆地之间相隔约十一里宽的海峡。这是一片开阔的水域，因为有陆地环绕，不会受到强风的侵袭，海湾如同一个巨大的湖泊，一片平静。这样一来，这个国家的中心地带几乎成了一个港口，船舶可通往四面八方，给居民们带来了极大的便利。

海湾入口处险象迭生，到处布满了浅滩和暗礁。在正中间，矗立着一座巨大的巉岩，清楚可见，这样一来倒没有什么危险了。岩顶上建有塔楼，由一支守备队据守。而另外的一些岩石隐没在水下，非常危险。那些航道只有当地人熟悉，因此若没有一位乌托邦人领航，外地人是很难进入海湾的。其实，如果没有岸上的标志作引导，就是对当地人来说，那个入口也十分危险。一旦这些标志被移动，敌方舰队无论多么强大，都很容易因误入圈套而全军覆没。

在岛的背侧也有不少港口。但在这些地方，也有许多天然屏障和人工设施可用于防御敌人的登陆，少数守兵便可阻遏强敌近岸。

根据传说和这里的地形特征可以判断，这个岛屿当初并不四面环海。乌托普国王首次在这里登陆便取得了胜利，并征服了这片土地。他用自己的名字给它命名（在此之前这里被称为阿布拉克萨[1]），正是他让本地那些尚未开化的粗野之人，成为有文化有教养的居民，令其他地方的居民望尘莫及。随后，他下令掘断与大陆相联的一段长达十五里的陆地，引入海水将岛围住。他不仅命令本地居民实施这项工程，而且为了防止当地人遭人耻笑，他还命令自己的士兵一起施工。有了这么多人的参与，这项工程以惊人的速度完成了。那些当初认为这是徒劳无益而从旁讥笑的近邻们，看到他们大功告成，无不大惊失色。

岛上拥有五十四座城市，座座雄伟壮观。它们在语言、传统、风俗和法律诸方面相去迥异。但只要地形条件允许，这些城市在布局、乃至外观上都极为相似。城市之间最近的相距不到二十四里，最远的步行也不超过一天的路程。每个城市每年都要派三位年老而经验丰富的居民前往亚马乌罗提城，商讨那些关系全岛公共利益的事务。亚马乌罗提城处在全国的中心，便于各地代表的到来，因而这里被作为首都。

城市所分配管辖的土地是非常适宜的。每个城市的四周至少有十二里辖属乡村，在有些地方可能还多于这个数目，也就是说，在这些地方两个城市之间的距离要更远一些。没有哪个城市有扩张领土的野心——因为在他们看来，自己不

[1] 阿布拉克萨（Abraxa）——在同时代埃及的科培特语中指“神圣的名字”。从他的希腊字母所代表的数字，等于 365 天，即一年的天数，这里带有神秘的意味。

过是土地的耕作者，而并非所有者。

在农村地区，到处都是布局合理的农舍，配有充足的农具。乌托邦人轮流搬进去居住。除两个农奴外，每个农户的男女成员不会少于四十人。在他们中间，安排两位男女管事，由那些年龄较大、办事认真的人担任。在每三十户中任命一位“飞拉哈”[1]。

每户每年有二十人回到城里，也就是说，这些人都已经在农村住满了两年。为填补空额，每年又要从城里派出同样数目的人。初来乍到者要接受培训，培训他们的人在乡间已经居住了一年而且对农事有了经验，而他们自己也将培训次年派来的人们。这样就可避免因技术缺乏而出现粮食供应不足的危险——这种危险在大家都是不懂农事新手的情况下是可能出现的。尽管这种轮流从事农作的制度，是为了防止任何人被迫一生从事艰辛的田间耕作，但仍有许多人发自内心喜欢农事，并被获准在农村多住上几年。

务农者的工作是耕种土地、喂养牲畜、砍伐木材，并视方便与否通过水路或陆路把这些木材运到城里。他们用巧妙的方法饲养了大量家禽。他们不用母鸡孵蛋，将大量的鸡蛋保持相同的温度，就可以使之成熟孵化。小鸡刚一出壳，就像依恋自己的母亲那样依恋人。

他们很少养马，但所养的都是良种马。除了用于训练年轻人的马术外，这些马不再有其他用途。所有用于耕作和驮

[1] 飞拉哈（Phylarch）——希腊语，意为部落酋长。

运的畜力都是由牛提供的。乌托邦人认为马的确比牛善跑，但是牛却更能吃苦耐劳，较少生病。而且，牛养起来既经济又省力，当它们不能继续干活时，还可供食用。

他们种植谷物，专供食用。他们饮用酒、苹果汁、梨汁或者水。他们有时饮清水，但通常在水中加入煮过的蜂蜜或者当地盛产的甘草。

虽然他们对一个城市及其附近地区的粮食消费情况已经有所估计，但所生产的谷物和牲畜往往还是超出了他们自身的需求，于是他们便将剩余的产品赠送给附近的人们。如果对农村不能生产的物品有需要，他们就会派人从城里悉数取回。无需拿东西交换，也无需同城里的官员讨价还价。这些事情做起来很方便，因为每逢单月，多数居住在农村的人都会去城里度假。

每当收获期临近，农村的飞拉哈便会告知城里的官员，他们那里需要多少城里的居民。大批的收割者，会在一个规定的时间内迅速赶到，假如碰上好天气，他们几乎在一天内就能够迅速完成收割任务。

关于城市，特别是亚马乌罗提城

人们只要了解了乌托邦的一个城市，也就等于了解了他们所有的城市。只要地形条件允许，这里的城市几乎是完全一样的。因此，我想随便举一个城市来加以描述，但又有哪座城市比亚马乌罗提城更值得描述呢？首先，没有哪座城市比它地位更高了，这里是全国议事会所在地，其他城市都服从它的领导。其次，对我而言没有哪个城市能比这里更为熟悉了，因为我在这里整整待了五年的时间。

让我们继续讲下去。亚马乌罗提城建在一个不太陡的山坡上，从外形上看，大致呈四方形。它的宽度大约有两里，沿山顶附近蜿蜒而下，直达阿尼德河。沿河部分，城市的长度略长于它的宽度。

阿尼德河发源于距亚马乌罗提城十八里的上游一个不大的泉源。但是，由于几条支流汇入而使得水量大增，其中有两条支流水势颇猛。因此，当流经城前时，河道已有半里宽了。稍远，河道变得更宽，流过六十里远，汇入大海。这条河流从入海口直到亚马乌罗提城这一段，甚至距该城若干里的上游，每隔十二小时便会有一次潮水的涨落。每当潮起，河中的淡水被迫后退，海水侵入河床达三十里。此时，在更长的河道里河水都是咸的，越向上游，河水变得越淡，到了亚马乌罗提城下，河水便不会受到海水的侵染了。一旦退潮，直到河口一带河水都是澄清甘美的。

城市有桥通到河流的对岸，桥基不是用木桩而是用巨大的石拱建成的。桥建在距海较远的地方，这样便可保证船只在沿城的一面畅行无阻，

这里还有另外一条河流，不算太大，而且水流平缓。它也发源于亚马乌罗提城所傍倚的那座山上，顺势流过城的中部，汇入阿尼德河。由于这条河的源头在城外不远的地方，居民们便在此构筑工事，将它与城市连在一起，以免敌人进攻时截断或引开水源，或者在水中投毒。从这里，居民用瓦管将水输送到城里地势较低的各个区域。在那些地势不宜安设水管的地方，建有容量颇大的蓄水池用以蓄存雨水，同样也可给人们带来便利。

城的四周筑有又高又厚的城墙，上面密布着望楼和炮眼。城的三面建有防御工事，其下是一道又宽又深，遍布荆棘的濠沟。余下的一面，则将那条河流用作护城河。

城内街道的布局既有利于交通运输，又有利于抵御风害。建筑物很有特色，它们排列有序，栉比相连，毫无间断。各个街区正面的建筑由二十尺的林荫街道分隔开来。在整个街区建筑的后面都有一个宽敞的花园，花园被四周的建筑围住。每家每户都有可通前街的前门，还有后门可通花园。而且，这两个门都是可折叠的，很容易用手打开，它们会自动关上，任何人都可以随意进出。因此，无论在哪里都不会找到一样私有财产。实际上，每隔十年的时间，他们便会通过抽签的方式来调换住房。

乌托邦人特别喜爱他们的那些花园。园子里种满了葡萄、果树和各种花草，这里的一切，管理得都很好，一片繁茂景象。我平生没有见过哪里的花园能像这里果实累累、妙趣横生。他们如此热心地打理花园，不仅为了供自身消遣娱乐，而且还为了同其他街区的花园开展竞赛。在整个城市里，你当然找不到能让居民们感到比这儿更实惠而又更具娱乐价值的地方了。似乎这个城市的建造者最关心的就是这些花园。

据传，当初对这个城市进行整体规划的正是乌托普国王本人。至于装饰改进方面，他意识到这并非自己一生能够完成的，便只好留待后人了。他们的编年史记录长达一千七百六十年，写得翔实而又认真。根据这部史书的记载，最初的房屋相当低矮，与棚舍无异，是用那些随手可捡的木材搭建而成的，围以土墙。有脊的屋顶上覆盖着麦秆和茅草。

而今天所有的房屋都是三层的楼房，外观很美。墙面用石头、水泥或者砖头砌成，墙心用碎石填充。屋顶是平的，上面覆盖着一层廉价的水泥。这种水泥经过精心调制，具有防火功能，而且比铅皮屋顶更能抵御风暴的侵袭。他们的窗子上镶有防风玻璃（玻璃已经相当普遍地在这里使用），有时窗子上还挂着染成半透明琥珀色的细麻布，这样不仅光线较好，而且能够有效地抵御狂风。

关于行政官员

这里每三十户居民每年要选举一位行政官员，他们的古代语言称之为摄护格朗特[1]，用他们的现代语言讲，就是飞拉哈。每十个摄护格朗特以及他们所管理的居民隶属于一个高级官员，过去称之为特朗尼菩[2]，现在称为首席飞哈啦。摄护格朗特共有两百名，经过宣誓，他们通过秘密投票的方式任命一位总督。总督一般是从候选人中产生的，因为全城共有四个区，每个区向议事会推荐一名总督候选人。

总督实行职务终身制，但在被怀疑阴谋施行暴政时会遭到罢免。特朗尼菩每年选举一次，没有充分的理由，不得更换。其他官员也只能任职一年。

特朗尼菩们每三天要与总督商讨一次事务，如有必要，接触可更频繁。他们一起商讨国家大事。如果出现了个人之间的纠纷，他们也会迅速进行处理，当然在这里这类事情是很少发生的。他们总要派出两位特朗尼菩参加议事会，而且每天都要更换。他们规定，如果一部法令在距颁布之日三天前还没有经过议事会讨论，那么它就不能被批准实施；在议事会或民众大会外商议公共事务，罪加一等。据称，采取这些措施的目的是为了防范以下情形出现：因总督与那些特朗

---

[1] 摄护格朗特（Syphogrant）——源自希腊语，对该词有不同解释，可理解为老人或长者。

[2] 特朗尼菩（Tranibor）——源自希腊语，对该词有不同解释，可理解为坐首席者。

尼菩之间互相勾结，或者因这些人对人民进行专制压迫，而导致国家章法轻易改变。因此，凡被认为重要的事情，都要提交摄护格朗特会议，由摄护格朗特告知他所管辖的住户，一起进行商议并将商议结果报告议事会。有时，必须将事情提交全岛大会。

另外，议事会有惯例：不在一个议案提出的当天对它进行讨论，而要留待下一次会议。这样做可以避免有人不假思考，随便议论。这样做的人，此后往往考虑的不是怎样对国家有利，而是千方百计地进行自我辩解。他们固执己见，虚荣心强，宁可牺牲公众的利益，也不愿冒个人失去声誉的风险。因为在他们看来，随意表态会被人们视为缺乏先见之明，而人们若在仓促发言之前经过了慎重思考，便能够保持足够的先见之明。

关于职业

不论男女，农业是这里的人们无一例外都要从事的职业。他们从很小的时候就要接受这方面的教育，既要从学校里学习有关理论，又要到城市附近的农村去实习，他们将这类实习视为一种娱乐。在实习中，他们不是走马观花，而是利用各种体力锻炼的机会，进行实际操作。

除了我所讲的人人都需从事的农业外，每个人还根据自己的情况学习一门专门的手艺。一般常为人们选择的有毛织、纺麻、瓦工、冶炼、木工等行当。除此之外，个别人所从事的另外一些职业则是微不足道的。至于服装，几百年来全岛只有一种式样。凭穿着，仅仅能分辨出是男性还是女性、已婚还是单身而已。这种服装看上去很美观，行动起来也很方便，而且冬夏皆宜。各家各户的服装都是自己缝制的。

至于前面所提到的那几种手艺，无论男女，每个人都要学会一种。女性体力较弱，从事一些毛织、纺麻之类的较轻松的行当，而男性则承担余下的较繁重的工作。由于大多数人都倾向于顺其自然，子承父业的现象相当普遍。如果有人喜欢上了另外的职业，他便会被寄养到从事自己所喜欢职业的那些人家。他的父亲，乃至地方官员都会用心地替他选定一户庄重而体面的家庭。此外，如果一个人学会了一门手艺后又想去学习另一门手艺，同样也会得到允许。只要城市对某种手艺没有特殊的需求，那些掌握了两门手艺的人，可以任选一种职业。

摄护格朗特最主要而且几乎是唯一的职责，是通过管理让人人都有事做，保证大家都能努力地从事自己的职业，而又不至于像牛马般地从早到晚不停地劳作——这种悲惨的处境甚至连奴隶都不如，然而除乌托邦人外，几乎所有其他地方的劳动者都过着这样的生活。乌托邦人将一昼夜均分为二十四小时，只有六小时用于工作。在这里，人们上午工作三个小时，然后进午餐。午饭后休息两个小时，再继续工作三个小时，直到吃晚饭。从午后第一小时起算，他们大致在第八小时就寝，这样便有八个小时的睡眠时间。

工作、睡眠和就餐之外的时间，完全由人们自由支配，但他们不能将时间滥用于吃喝玩乐和无所事事，而是根据各自的爱好做些有益的事情。一般情况下，人们将这些闲暇用于学术探讨。因此，他们总要利用每天黎明前的几个小时举行公共演讲。那些被选拔出来专门从事学术研究的人都必须参加。大量来自各阶层的人士，不分男女，都聚集到一起听讲。人们可以根据各自的兴趣和爱好，选择自己听讲的内容。但假如有人在这段时间里愿意从事自己的本职工作，也不会受到限制——因为事实上，不少人的智力达不到从事较高学术研究的水平，他们放弃休息时间用于工作，为国家做出了贡献，因而更应该受到赞扬。

晚饭后，他们有一个小时的娱乐时间，夏天在花园里，冬天在他们用餐的公共食堂里，或是演奏音乐，或是闲聊消遗。骰子及与此类似的一些愚蠢而有害的游戏，他们是不会染指的。他们常玩的两种游戏与棋类颇为相似。一种称之为数字竞赛，其中一个数字能够吞并另一个数字。另一种游戏是邪恶向美德发起进攻。在这个游戏中，可以充分展示一个人的机智。最初，邪恶与邪恶之间彼此斗争，但同时它们又共同反对美德。随后，便可以看到，何种邪恶去反对何种美德，它们借助于何种力量公开向美德发动进攻，它们采用何种策略间接攻击美德；美德采用何种保护措施去抑制邪恶的力量，采用何种手段挫败邪恶的企图。最终，游戏的一方通过何种途径赢得整局的胜利。

可是为避免出现误会，在这里有一点你必须弄清楚：既然他们每天仅有六小时的工作时间，那么你可能会认为这样将导致他们在某些必需品方面出现短缺。但事实绝非如此，前面所提到的六小时，若用于生产那些生活必需品或便利品，不仅是足够的，而且还绰绰有余。只要联想到在其他一些国家里有那么多的人口不去从事生产劳动，你便很容易理解这种现象了。首先，在其他一些国家里，几乎所有的女人都不从事生产，而他们占了人口的一半；或者，有的地方虽然女人们忙忙碌碌，可取而代之的又是一批懒汉。另外，那些教士和所谓的僧侣也是相当大的一批闲人。此外，还有那些富人们，尤其是那些通常被称之为绅士和贵族的地主们。再算上他们的仆人——那些为非作歹、狗仗人势的下流胚。最后，还有那些身强力壮的乞丐们。他们佯称有病，四处乞讨。这样一来，你便会发现，创造全部日用必需品的劳动者要比人们预料的少得多。

现在，让我们估计一下，那些劳动者中有多少人是在从事必要的职业吧。因为，以金钱为标准来衡量一切的社会，必然会驱使人们去从事许多毫无用处的多余职业，这些职业仅供少数人享受奢侈荒淫的生活。试想，若将众多从事这类行业的人们，分派少数到那些为满足人们自然需要和便利要求而生产的行业里去，那么生活必需品必然会大大增加，由此导致商品价格下跌，使那些手艺人难以维持生计。但是，假如所有的人——包括那些忙于无用职业的人，以及大量挥霍别人劳动成果的游手好闲者——都能从事有用的工作，你便会轻易地发现，让人们过上必要或者舒适（甚至是享乐，只要是真正合乎自然的享乐）生活所需的工作时间，竟是少之又少。

乌托邦的经验有力地证明了这一切。在所有的城市及其附近的乡村，只要年龄和体力适合于从事劳动的人们，无论男女，都要参加劳动，只有不到五百人可免于劳动。这些人中包括那些摄护格朗特，他们虽可依法免于劳动，但他们不会利用这个特权，而是通过以身作则来吸引其他人更好地从事工作。有些人经过教士的推荐，以及摄护格朗特们的秘密投票后，也可免于劳动。这些人可将全部时间用于研究各种学问。但假如这些人中，有谁辜负了人们对他的期望，就要重新去从事体力劳动。相反，也往往会有一些人，利用闲暇时间勤奋钻研学问并做出成绩，他们原本是体力劳动者，最终却摆脱了体力劳动，而加入到专职研究者的行列。正是从这班学者中，他们选拔出外交使节、教士、特朗尼菩乃至总督。总督在他们的古代语言中被称为巴桑[1]，现在叫做阿丹麦[2]。

其他几乎所有的人，都不会游手好闲，也不会忙于那些无用的职业。可想而知，他们会在极少的时间里生产出极佳的产品。除了上面所谈的这一点外，更为有利的是，在大多数必需的手艺方面，他们并不像其他国家那样需要消耗那么多的劳动力。这一点最突出地表现在房屋的建造和维修方面。在其他地方，建造和维修房屋需要大批人力经常性地付出劳动。因为在那些地方，父辈建造房屋，而他们那些挥霍无度的后代却任其毁损。结果，原本用很少的花费即可维修的房屋，他们的后代却不得不花大价钱另起一幢。更有甚者，有人为建造房屋已经耗费了巨资，而另外的人却对这幢房屋挑三拣四，根本不将它放在眼里，因不加爱惜而让它很快倒塌。接着，他会在另外的地方花同样的价钱另起一幢。然而，在乌托邦这片土地上，一切都井然有序，公共福利得到了精心的管理，很难见到新辟土地用来建造房屋——因为他们不仅会迅速对房屋损坏处加以修复，而且还采取措施预防房屋的毁损。这样一来会有什么效果呢？他们费力很少，房屋却

---

[1] 巴桑（Barzanes）——源于伊朗语，有“崇高”之意。

[2] 阿丹麦（Ademus）——用希腊语杜撰，意为“无国之民”。

维护得尽可能长久，以至于那些瓦工木工们闲得几乎无事可做——平时只是在自己家里或到广场上加工木料、整修石块，做些准备工作。一旦有需要，他们便可迅速将房屋建造起来。

在服装制作方面，我们也可以看到乌托邦所耗费的劳力多么有限。首先，在工作的时候，他们不加装饰，穿着由皮革制成的服装，这类服装耐用达七年之久。当外出到公共场所的时候，他们会穿上一件外套，将里面穿的较粗朴的工作服遮掩起来。这种外套的颜色全岛划一，均为羊毛的本色。因此，这里对毛呢的需求较其他地区要少得多，而他们所用的毛呢成本也较低。另一方面，由于亚麻制作起来更省力，它的使用也更为普遍。对于麻布，人们讲求的是颜色纯白。对于毛呢，人们唯一讲求的则是质地洁净，而不太讲究线头的精致。所以，尽管在其他地方，一个人有了四五件不同色彩的毛呢服装以及同样多的绸衫后，可能还不满足，而对那些爱挑剔的人即使是十件可能也不会令他称心；而在乌托邦，仅一件外套便可以令这里的人们心满意足了，一般要用上两年。的确，他们用不着更多的衣服，因为有了这些衣服，不见得能更好地御寒，也不见得会让人看起来更漂亮。

因此，他们都在有价值的职业上操劳着，而且很少的产品便可让他们得到满足。这样，在一切日用品都很充足的情况下，他们有时会抽调大量的人力去维修那些损坏的公共道路。也经常连这样的工作都不必去做，他们便会公开宣布缩短工作时间。政府决不强迫公民从事多余的劳动，因为乌托邦开宗明义便阐述了他们所追求的唯一目标：为了使所有的公民，在公共需要不受损害的前提下，尽可能地从体力劳动中解脱出来，并致力于寻求精神自由和心灵完美。他们认为这便是人生的幸福。

关于社会关系

现在，我想介绍一下居民们之间的交往方式、他们之间社会关系的本质以及产品的分配方式。城市是由许多家庭组成的，而家庭通常以血缘关系为纽带。女子成年结婚后要落到丈夫的户籍上。相反，儿子和孙子则仍要留在自己家中，并听命于年纪最大的家长。如果这位家长已经年老昏聩，则由家庭中年纪仅次于他的人取而代之。

为确保城市人口不会过多或者过少，法令规定，每个家庭的成年人不得少于十人，也不得超过十六人。除了所辖农村地区，每个城市有六千个这样的家庭。当然，对那些未成年的孩子是没有数量限制的。通过把超过这个数量的家庭中多余人口转移到那些人口不足的家庭，这条法令是不难得到遵守的。一旦某个城市所有的家庭都已达到了人口限额，多余的那些成年人则可用于补充其他人口不足的城市。

如果全岛的人口超过了规定的限额，他们便会从每个城市征召部分居民，在离他们最近大陆的那些未被占领或未被开垦的地方，按照乌托邦的法律建立殖民地。如果当地人愿意和他们一起生活，他们就会联合起来。假如这种联合能够实现，双方会逐渐融合在一起，采用同样的生活方式和风俗习惯，这对双方的人民都非常有益。一旦采用了乌托邦人的制度，那些以往被视为贫瘠荒芜的土地，就会被改造成足以供养双方人民的肥田。那些拒绝遵守乌托邦法律的居民，则会被乌托邦人从圈定的土地上赶走。他们如若反抗，乌托邦人便会发动战争进行讨伐。乌托邦人认为，如果一个民族不能很好地利用自己的土地并任其荒芜，而又不准那些依据自然法则可以拥有这些土地的其他民族使用，那么对它发动战争便是天经地义的。

假如因为某种灾害而导致他们的某个城市人口锐减，而且从岛内其他地方补充会对迁出地维持适当人口造成损害（这种情况据称在历史上出现过两次，是由于瘟疫肆虐造成的），他们便会从殖民地回迁居民加以补充。他们宁可让殖民地衰败，也不愿看到本岛城市受到削弱。

现在让我们把话题再回到居民的交往方面。正如前面所提到的，在家庭中年岁最长者主事。妻子要服侍丈夫，子女要服侍父母，通常年轻人要服侍年长者。

每个城市都被等分为四个区。每个区的中心地带都有一个百货市场。各家各户的产品被运到市场内指定的位置，然后将各种产品在库房中分类存放。户主们可以到库房里选取他和家人所需要的一切物品。他可以将这些物品带走，既不用付钱，也不用任何补偿。为什么要拒绝他们取走这些物品呢？这里的一切物品都供应充足，而且也根本不必担心有人会取走超过他们需要的物品。的确，当一个人确信物品绝不会短缺时，还有什么理由怀疑他会取走多余的物品呢？毫无疑问，一切生物的贪婪残忍都源于对需要缺乏的恐惧，只是在人类身上，它才可能出于自尊的需要。人类会以炫耀自己的财富超过别人为荣。而这种坏风气在乌托邦人的生活习惯中是绝不存在的。

和前面提到的市场紧挨在一起的是食品市场。这里陈列着各种蔬菜、水果、面包，还有鱼类以及可食用的禽鸟和牲畜。屠宰是在城外指定的地点进行的。在那里，全部污血和废物会随流水排走，经过奴隶们屠宰和清洗过的动物躯体从那里运往各处。乌托邦人不允许本城居民屠宰牲畜，认为这样做会使人性中最可贵的恻隐之心泯灭殆尽。另外，他们也不允许将任何污秽不洁的东西带入城内，以免因空气受到污染而引发疾病。

每条大街上都有宽敞的礼堂，彼此间距离相等，这些礼堂都有一个专用名称。摄护格朗特居住在礼堂里。每个礼堂为三十户家庭所共享，它的两侧各安排十五户，大家共同在礼堂中用餐。礼堂的伙食管理者要按时到市场去接洽，根据各自负责的供餐人数领取食物。

在公共医院里接受治疗的病人们首先要得到特殊的照料。在每个城市的城墙外侧建有四所公共医院，院址宽敞，几乎超过了不少小城镇的规模。这样的设置有两个目的：首先，不论病情严重到何种程度，都不至于因拥挤在一起而感到不舒服；其次，可以尽可能地将那些传染病患者与其他病人隔离开来。这些医院的设备都很好，用于治疗保健的器械一应俱全。而且，医院里的护理体贴入微，由经验丰富的专家负责治疗。因此，尽管不强制每个病人都要住在医院，但全城的居民，不论患上何种疾病，都愿意住院治疗，而不愿待在家中。

医院的伙食管理者得到医生为病人开列的食物清单后，会根据各个礼堂的人数为他们配送最精美的食物。但是，总督、主教、特朗尼菩，以及外国使节和全部外侨则会得到特殊的照顾。不过，外侨在这里是难得一见的，但不论他们什么时候到来，乌托邦人都会为他们准备好固定的住所。

到了规定的午餐及晚餐时间，铜喇叭号声便会将人们召集到礼堂来，除了那些因生病待在医院或者家中就餐者外，摄护格朗特管辖的所有居民都来这里就餐。礼堂开过饭后，也不禁止人们再从市场上领取食物回家——在他们看来没有足够的理由，人们是不会这样做的。因为，尽管并不禁止人们在家中用餐，但却没有人会这样去做，人们不会愚蠢到这种地步——放着礼堂里精美丰盛的食物不用，却自找麻烦做些并不可口的食物。

礼堂里那些又脏又累的活都是由奴隶们去做的。但是烧饭做菜以及整个餐事的安排等事情则由各家的妇女轮流承担。进餐时大家分三个餐桌或更多的餐桌就坐，具体安排要视就餐的人数而定。男子在餐桌前背墙而坐，妇女们坐在外边，这样，妇女们如果突然感到身体不适（对于那些怀孕的妇女而言，这是常有的事情），便可起身前往保姆室而无需打扰他人。

那些保姆同婴儿一起待在指定的餐厅里就餐，那儿总是生着火，备有清水，还有摇篮。这样，她们既可以将婴儿放在摇篮里，又可以解开婴儿的襁褓，让他们在火炉旁自由地玩耍。孩子们都是由自己的母亲来哺育的。万一母亲死亡或者生病，摄护格朗特的夫人便会毫不费力地找来一位保姆。凡是能够担当保姆的妇女，都很乐意做这件事情——不仅因为这种善举会得到人们的赞扬，而且这样养大的孩子会像对待自己的生母一样对待他们的保姆。五岁以下的儿童也要在保姆室用餐。其他未成年人，包括那些还未达到结婚年龄的少男少女们，则要站在餐桌旁做些服务工作，而那些年龄尚幼的孩子要安静地站在旁边。他们都要食用从餐桌上递过来的饭菜，没有单独的用餐时间。

摄护格朗特和他的夫人端坐在首席的中央，这是整个礼堂中最高贵的座位。首席是横放在礼堂最后一排的，从这里可以看到所有进餐的人。和他们同桌用餐的是两位长者，他们总是四人一桌。假如某个摄护格朗特辖区设有教堂，主教夫妇就会和摄护格朗特同桌，并担任席长。他们两旁的餐桌坐的是年轻人，接下去是老年人，这样席与席之间按年龄交叉排列,同一席位进餐者的年龄相仿。据称,这样做的理由是,老年人行为举止庄重而令人敬畏，可以防止年轻人的言行有失检点——因为他们的一言一行都逃不过身边长者的眼睛。

上菜的顺序并非按餐桌的排列从头到尾依次进行，上等的饭菜最先送到位置突出的长者席上，然后再平均分配到其他餐桌。如果有些美食数量有限只能供给长者，那么这些长者便将这些美食分给邻座的人们。这样，长者得到了应有的尊敬，而其他人也共享口福。

在进餐之前，有人要读一段劝人为善的话，这样的话很简短，不至于引起人们的厌烦。长者们会解读这段话的含义，并发表一些很得体的评论，言语明快而又不失风趣。但是他们决不会独占这种即席发言的机会。他们很乐于听到年轻人的发言，甚至有意引发他们的话题，希望能够借助年轻人在餐桌旁随意的谈话，考察他们每个人的能力和个性。

午餐时间有些短，而他们的晚餐时间则较长，因为午餐后大家要继续劳动，而晚餐后便可以休息。乌托邦人认为夜晚的休息非常有助于肠胃消化。每顿晚餐他们都有音乐相伴，而且点心也十分可口。进餐时，他们还要焚上香，洒些香水，尽量让大家都能高兴起来。他们非常赞赏这样的观点：只要无害，任何享乐都不应遭到禁止。

这便是城里人的公共生活。然而在农村，由于邻居之间住处相距较远，人们都在各自家中用餐。家家都有充足的食物，城市居民所消费的食物也是由农村提供的。

关于乌托邦人的旅行等等

任何公民，只要想到另外的城市去探望朋友或者观光，都很容易获得摄护格朗特和特朗尼菩的准许——除非有充足的理由阻止他们前往。他们会组团前往，持有总督的证明信，信中证明他们已获准外出旅行，并注明他们的归期。他们可领取一辆车子和一名驾车的公共奴隶。但除非有妇女同行，他们一般不会领取车子，认为这会成为累赘。在整个旅行过程中，尽管他们什么也不带，但却什么都不会缺——因为无论走到哪里都像在自己家里一样。如果在某个地方停留一天以上，他们就会在那里操起自己的手艺，而且会受到当地同行殷勤的款待。

如果有人擅自跨出所在辖区，被捕后发现未持有总督的证明信，他便会遭到人们的藐视，被作为逃亡者押回，并受到严厉的惩罚。那些轻率的重犯者则会被贬为奴隶。

如果有人希望到所在城市辖属的农村去观光，只要他的父亲允许，妻子也同意，便不在被禁之列。不管他走到哪个乡村，都必须干完上午或晚餐前所安排的工作，才能享用午餐或晚餐。如果能够做到这一点，他便可以在本城辖区范围内随意访问。人们会认为，他的这种做法，也同样为自己的城市做出了贡献。从这里你可以看出，在乌托邦根本没有虚度光阴或者故意旷工的可能。这里没有酒馆，没有妓院，没有令人堕落的场所，没有贼巢匪窝，没有秘密集会。相反，在众目睽睽之下，人们必须从事正常的劳动，或者进行一些为大家所接受的正常消遣娱乐。乌托邦人的这种生活方式使得他们的各种物品都非常充足。由于这些物品被公平地分配到每个人手中，自然不会有人陷于贫困或者沦为乞丐。

在亚马乌罗提城的议事会上（正如前面所提到的，每个城市每年派三名代表参加议事会），决策者们首先要对各地的情况做出判断；某个地区哪种产品可能会出现剩余？岛上哪个地区谷物歉收？然后他们立即会在不同地区间进行调拨。这类服务是无偿提供的。因为这些无偿提供援助的城市，在某种物品短缺时也可无偿地从另其它城市得到援助。这样，整个乌托邦就如同一个大家庭。

在保证自身的供应充足以后（由于次年的收成是不可预知的，所以只有做好了两年的储备，他们才称得上供应充足），乌托邦人会向其他国家出口剩余物品，这些物品包括大量的谷物、蜂蜜、羊毛、亚麻、木材、大红和紫色染料、生皮、黄蜡、油脂、皮革以及牲畜。他们将所有这些物品的七分之一赠给这些国家的穷人，余下部分则廉价出售。

通过这类贸易，他们不仅向国内输入了一些他们所缺乏的物品（实际上他们所缺乏的唯一物品是铁），而且还流入了大量的黄金和白银。这样下来，日积月累，国内到处都堆满了金银，多到了令人难以置信的地步。因此，他们在出售物品时并不在乎是采用现金交易，还是采取赊欠的办法——事实上，大量的交易是采用信用的形式进行的。但是，在所做的信用交易中，他们从来不相信个人。这类交易必须由市政当局担保，按惯例签订法律文件。到了还款期限，市政当局从债务人那里收齐欠款并存入公库，在乌托邦人提取之前可作为资金使用。

对其中的大多数债款，乌托邦人是从不索还的。他们认为取走那些对他人有用而自己又用不着的东西，是很不公正的。只是在他们必须将其中的一部分款项借给其他国家或者进行战争时，他们才会索回债款。他们将所拥有的财富全部保存在国内只有一个目的，那就是在国家极其危难或者出现突发事件的情况下，用以保护他们的安全。他们首先用这些钱去招募那些近乎天价的外国雇佣兵（乌托邦人宁可驱使这些外来士兵作战，也不愿动用本国公民）。他们深知，即便是他们的那些敌人，也可以用重金加以收买，让他们内部相互倾轧或者公开动武、自相残杀。

出于这类军事上的考虑，乌托邦人保存了大量的金银，但他们却并未将这些金银视为珍宝。他们保存金银的方式令我难于启齿，因为我实在担心讲出来不会有人相信。我的这种担心是有道理的，因为假如我不曾到过那里并亲眼目睹这一切，仅凭他人讲述连我自己也很难相信。这几乎是一条永恒的法则：人们所见所闻与自己原来所持有的看法相差越大，也就越难相信。但对于一个判断力健全的人而言，既然乌托邦人的其他制度同我们相差很大，那么也就用不着奇怪他们使用金钱的方式会和我们有着如此大的不同。如前所述，他们自己并不需要金钱，只是将它们用于突发事件。这种情况可能会真的出现，也可能永远不会发生。

而且，用于铸造钱币的金银，除了自身的真实价值外，在乌托邦人那里也并没有获得其他的价值。难道有谁不知道，金银的用处远远比不上铁吗？离开了铁，人类便不能生存——就如同离开水和火一样。而至于金银，自然并不具备人们所赋予它们的那些价值，只是由于人们的愚蠢才将这些稀有之物视为珍宝。与此相反，自然界就像一位仁慈而宽容的母亲，将一切最好的东西呈现在我们面前：空气、水、土地，而让那些于我们无益的东西远离我们。

假如乌托邦人将这些金银封存在一座塔内，人们可能会猜测总督和议事会是在图谋欺骗人民，而他们自己却从中获益。这正是一般人可能持有的糊涂念头。假如他们将这些金银制成器皿或者其他一些精巧的工艺品，等到出现紧急情况需将这些金银熔毁以充作军饷时，人们一定会舍不得这些曾被视为珍宝的东西。

为防止出现这种情况，乌托邦人想出了一种与他们的其他制度类似的办法。这种办法与我们这里的做法截然相反，除非亲眼见过，我们是不会相信的。因为在我们这里太看重黄金了，而且要小心翼翼地保护它。而在乌托邦人那里，他们饮食所用的器皿都是陶和玻璃制品，制作精美且造价很低，金银则用于铸造公用礼堂和个人住宅等地方的浴缸便盆之类的用具。奴隶们身上戴的链铐也是用金银制成的。那些因犯罪而蒙耻的人，都要戴上金耳环、金戒指、金项圈，头上还戴有一顶金冠。这样，乌托邦人想方设法使金银成为一种不体面的东西。正因如此，在其他国家，人们视金如命，一旦丢失，悲痛万分；而在乌托邦，即便所有的金银都被拿走，人们也不会感到有丝毫的损失。

他们在海边捡珍珠，也在一些峭壁上开采钻石和宝玉。他们并非专门去采集这些东西，只不过是在碰巧遇到时做些加工。他们用这类东西给小孩子做装饰，孩子们在很小的时候看到这些装饰品是很高兴得意的。可是当他们到了一定的年龄，发现只有小孩子才佩带这类东西时，便会将它们丢到一边。不用他们父母的劝告，自己就会觉得不好意思——就像我们的孩子在长大后会扔掉他们的那些弹珠、拨浪鼓和布娃娃一样。

那些建立在不同制度习俗上的思想情感，给我留下了深刻的印象。关于这一点，乌托邦人在接待那些阿尼蒙利安人❶的外交使节时表现的尤为突出。这些使节们到达亚马乌罗提城的时候，我刚好也待在那里。由于他们这次来访有要事处理，乌托邦每个城市都派出了三位代表，已经提前集中在那里等候。凡以往到过乌托邦的邻国使节们，都熟谙乌托邦人的风俗，在这里华服盛装不受重视，丝绸被视为贱品，黄金也被视为一种不体面的东西，因此他们到来时一般穿着简朴。但这些阿尼蒙利安人与乌托邦相距遥远，而且以往彼此也很

❶ 阿尼蒙利安人（Anemolians）——源于希腊语，喻意为虚构的、不存在的人。

少打交道，由于听说乌托邦人穿着划一，而且质料粗陋，便断定他们不用的东西一定是他们所没有的。于是这些愚昧无知而又狂妄自大的人，决定要用盛装将自己扮成天神一般，让那些穷酸的乌托邦人因他们光彩照人的打扮而相形见绌。

就这样，三位使节带着一百名随从，堂而皇之地来到了乌托邦，他们穿着五颜六色的衣服，大部分是用丝绸制成的。使节们本人，由于在国内都是贵族，披着金缎外衣，戴着沉甸甸的金项圈和金耳环，手上戴着金戒指，帽子上饰有成串的珍珠和宝石。总之，他们用于装饰的一切，正是在乌托邦用来惩罚奴隶、污辱坏人或是逗乐小孩子的。当他们身着华服从那些涌往大街两旁观看他们的乌托邦人面前走过时，衣着两相对比，的确是一道可观的风景。另一方面，同样令人感到可笑的是，他们为此而持有的希望是多么的不切实际，他们实际得到的与他们所希望得到的相去甚远。除了那些因种种原因曾经出国访问过的人外，在所有的乌托邦人眼里，这种华丽的炫耀是很可耻的。因此，他们将使团中地位最低的人当成了使节，向他敬礼；而把使节本人当作了奴隶，在他经过身边时根本不予理睬——因为他的身上戴着金链。

这时，有个已经扔掉珍珠宝石的孩子，见到这些使节们帽子上的那些装饰，从旁边摇着他的母亲喊道：

“快看呀，妈妈，那个大傻瓜怎么还戴着珍珠宝石，就像个小男孩！”这位母亲也颇为认真，说道：

“嗯，儿子，我想他一定是使节们带来的一个小丑。”

另外的一些人则发现金链有些问题，不实用。一方面它太细了，奴隶能够很轻易地将它挣断；另一方面它又太松，奴隶可以随意扔掉它，逃之夭夭。

在这里住了一两天后，这些使节们便发现，这里金银无数却毫无价值。乌托邦人极端鄙视金银，而在他们的国家人们极端珍视金银一般。他们还看到，加在一个逃亡的奴隶身上的链铐所用的金银，比他们三个人身上装饰的所有金银还要多。因此，三个人神情沮丧，羞愧万分，赶紧把自己用来炫耀摆阔的华服全部收拾起来。尤其是在同乌托邦人亲切交谈并了解了他们的生活习俗和思想观念之后，他们更是感到无地自容。

令乌托邦人迷惑不解的是，当一个人能够抬眼看到星辰乃至太阳的时候，他竟然还要去追求发自小块珠宝发出的那一点微光。他们更为奇怪的是，有的人在穿上精羊毛做成的衣服后，竟会疯狂地认定自己更加高贵了。岂料，羊毛的质地不管有多么精细，它们最初都长在绵羊的身上，而绵羊终归还是绵羊。

乌托邦人还感到奇怪的是，黄金本身其实没有多大用处，现在却被世界各地的人们如此看重，以至于人本身倒显得比黄金还要贱许多，而黄金正是在人们开采和使用过程中形成自身价值的。人们把黄金的价值看得如此之重，以至于即便是一个榆木脑袋的傻瓜，并没有什么德行，只因碰巧拥有大量的金币，他竟然也能够役使大批聪明能干的人。然而假如命运不济或者由于某种法律骗局（它会像命运一样弄得是非颠倒），将金币从这位主人的手里转移到他的一个最下贱无耻的奴仆手里，他也一定会很快地去服侍他先前的仆人，似乎他仅仅是金钱的附属物！而更让乌托邦人感到吃惊而憎恨的，是某些人的疯狂。这些人把富人们捧得天花乱坠。他们这样做既不是因为自己欠下了富人多少东西，也并非受到了富人的强制，而仅仅是因为他们看到富人们手里有钱。当然他们也知道，那些富人们是贪婪吝啬的。他们深信，只要这些富人们活着，就绝不会从他们那成堆的金钱里取出一文送给自己。

乌托邦人的这些见解，部分来自于他们的教养，他们成长在这样一个国家，它所实行的制度与上面所提到的那些愚昧无知的做法相去甚远；部分来自于他们的学习以及对有益图书的阅读。尽管每个城市里能够从其他工作中解脱出来专门从事学术研究的人（即那些自幼就被发现具有良好的个性、超常的智力和浓厚学习兴趣的人）并不多，但所有的儿童都被引导去阅读那些优秀的作品，绝大部分公民，无论男女，一生都要将他们体力劳动之外的时间用于学习。这一点，我们前面已经提到。

他们通过本国语言学习各门知识。他们的语言拥有大量的词汇，听起来很入耳，借助它能够准确地表达思想。他们的语言与那个世界里广泛应用的语言相差无几，只不过在其他地方可能不同程度地掺杂着一些方言。

那些名字为我们这个世界所熟知的所有的哲学家们，在我们到达之前，他们还是一无所知。然而在音乐、逻辑[1]、算术和几何方面，他们也做出了几乎与我们古代的先贤们同样的发现。然而，尽管在几乎其他一切学科上，他们都可以同我们的祖先相媲美，但却仍然赶不上我们那些新逻辑学家们的发明。我们的孩子们在“小逻辑”[2]中都要学到的限制、扩大、假定等，这些被巧妙地发明出来的规律，乌托邦人还没有发现其中的任何一条。另外，乌托邦人更没有运用再概念[3]进行思考的能力，因而他们中没有任何人能够想象到所谓“概念化的人”。而在我们看来，这种“概念化的人”要比任何巨人还要巨大，而且我们可以指认出来。

然而，乌托邦人在星辰的运行和天体的运转方面很有研究。而且，他们还巧妙地发明了各种形状的仪器。他们运用这些仪器，对太阳、月亮以及在地平线上出现的其他星辰的运行情况及所在位置进行了十分精确的观测。至于星辰的相生相克以及用星辰占卜之类的一派胡言，他们却做梦都不会想到。

---

❶ 逻辑——原文此处为希腊文“辩证法”，指的是在完全古怪反常的中世纪形式逻辑基础上进行争辩和议论的艺术。

❷ 小逻辑（Small Logicals）——指13世纪粗劣的经院哲学教本，编著者为培特拉斯·希思帕尼斯（Petrus Hispanmus）。

❸ 再概念（Second Intentions）——经院哲学的术语。理性对于外部物体的“第一概念”是根据物体的纯粹特性将它们区别开来，这个概念基于从物体获得的直接印象。“再概念”针对的是同一物体，从应该如何认识该物体出发，考察是“某属”或“某种”。

他们能够根据长期发现的一些特定预兆，对下雨、刮风以及所有其他天气变化做出预报。但是有关这些现象产生的原因，以及潮汐的形成、海水的咸味，乃至天体和宇宙的起源和本质等问题，他们的观点同我们古代哲学家们的观点则大致相同。正如我们古代哲学家们在一些问题上存在争论一样，乌托邦人所提出的新理论与我们哲学家们的观点并不完全相符。而且，在某些方面，乌托邦人之间的意见也不尽一致。

在哲学中涉及的道德部分，他们所争论的话题同我们是一致的。他们探讨灵魂、肉体以及外形上善的品性，也提出了这样的问题：善，是这三者都具备的，还是只为灵魂所独有？他们还讨论了德行和快乐。在这方面最主要的争论是：幸福存在于何处？它是由一件事情带来的，还是由许多事情构成的？关于这个问题，他们似乎更倾向某个学派[1]的观点，赞成用快乐作为衡量人类全部或主要幸福的标准。

尤其令人惊讶的是，为了这种软弱无力的学说，他们竟然从他们那冷峻严酷的宗教中寻求支持。他们在进行哲学探讨时，总是将宗教的某些原则同哲学的理性论证结合在一起。在他们看来，离开了哲学宗教原则，对“什么是真正幸福这一问题”的探讨会缺乏说服力。这类原则可以举例如下：灵魂不死，它因受上帝恩惠而注定快乐；美德与善行会在死后

[1] 指古希腊哲学家伊壁鸠鲁（Epicurus，公元前 314—公元前 270 年）的学说。他认为，快乐是幸福生活的开始和目的，而幸福生活乃是人们与生俱来的最高的善。

得到回报，罪孽深重则会在死后受到惩罚。尽管这些原则来自宗教，但是乌托邦人认为，通过理性可以让它们为人们所信服并采纳。

一旦这些原则被取消，乌托邦人便会毫不迟疑地主张，如果一个人不千方百计地去寻找欢乐，那么他便是一个傻瓜。当然他不应当贪图较小的快乐而失掉更大的快乐，也不应贪图能够带来痛苦后果的快乐。去追求那些艰辛而痛苦的德行，不但享受不到人生的快乐，而且还心甘情愿地忍受着无益的痛苦，这被乌托邦人视为不明智之举。既然死后人们一无所有，那么今生今世过着不快乐、乃至悲惨的生活，又有何益？

事实上，乌托邦人所理解的幸福并非建立在一切快乐之上，只有那些正当而高尚的快乐才能使他们感到幸福。德行引导我们的自然本性趋向正当而高尚的快乐，如同引导我们趋向至善一样。持相反观点的一派[1]则将幸福仅仅归结为德行。乌托邦人给至善所下的定义是：合乎自然地生活，认为这是上帝造人的初衷。他们声称，当一个人服从理性的引导去趋利避害，他便遵循了自然的法则。

首先，理智能够激发起人们对上帝的爱与尊崇，正是上帝给了我们所拥有的一切以及对未来的希望。其次，理性可以引导我们从激情和过度享乐中摆脱出来，帮助我们在向善的天性和现实的人性之间建立起某种联系，尽最大努力帮助

---

[1] 指斯多葛学派（Stoicism）。该学派主张宿命论和禁欲主义，要求人们顺从自然服从天命，与伊壁鸠鲁学派主张的快乐主义主张相对立。

其他所有人过上幸福的生活。因此，他们推断一个人应当会增进其他所有人的福祉和舒适感——就我们的本性而言，能够帮助他人减轻痛苦、摆脱烦恼和焦虑，进而为他们提供包括幸福在内的舒适生活，是了不起的美德。天性也应当大力引导每个人这样对待自己。

看来，二者必居其一：要么愉快享乐的生活是有害的，在这种情况下你不应该让任何人得到快乐，而且要尽可能帮助人们摆脱这种被认为有害的生活；要么这种生活是有益的，你完全可以而且应该帮助他人获得这种生活，那么你为什么不能首先为自己带来快乐呢？我们人类总不会委屈自己吧？当天性引导你将善带给别人的时候，它并没有反过来要求你将残忍和痛苦留给自己。因此，在乌托邦人看来，天性引导人们快乐地生活，也就是说，享乐是我们全部活动的目的，如果人们按照天性去生活就是至善。

为了实现这个目标，所有人都要顺应天性互相帮助以达到更快乐的生活。提出这种要求的理由是很充分的，因为没有哪个人的命运会超乎人类之上而成为大自然唯一关照的对象，大自然对它所创造的芸芸众生总是一视同仁的。因此，天性昭示着人们：在为自己谋取利益的时候，务必不要损害他人的利益。

因此，乌托邦人认为，不仅应当遵守个人之间的契约，对那些能够给人们带来快乐的生活必需品的分配，也应当遵守相关的公共法律。这类法律或者是由某位贤明的国王在公正的原则下颁布的，或者是由全体人民在没有暴政压制和阴谋操纵的条件下通过的。只有利用这些法律来保护自己的利益，才是明智的。另外，只有同时也保护公共利益才是忠于这些法律的体现。为了自身能够获得快乐，而剥夺了他人的快乐，是极不公正的。与之相反，人道主义和仁慈之心要求我们，有义务牺牲个人的一些利益去成全他人。一个人若履行了这类义务，由此而得到的回报绝不会少于他的付出。他所得到的不仅仅是别人的报偿，还有因做好事而产生的内心体验。当一个人回想起自己帮助过的人对他的感念和美好祝愿时，他心头一定会涌起愉悦感，这种愉悦感决非他所放弃的肉体快乐所能比拟的。最后，那些宗教信仰者很容易接受这样的观念：当个人献出了短暂而微不足道的快乐时，上帝会以永恒而源源不断的快乐作为回报，宗教也会由此而认定其灵魂的高尚。于是，对这个问题进行了认真思考和权衡之后，乌托邦人认为：人们所有的行为以及所有的德行，最终都指向快乐，这是我们的首要目的和最大幸福。

在乌托邦人看来，所谓快乐就是在天性的引导下，人们体验到的身体或心理上的愉悦状态。他们将快乐与天性联系在一起是有道理的。因为意识和理性所追求的，正是那些天生令人快乐的事物。这些事物无需采用不正当的手段去获取，而且在得到它们的时候，无需放弃某些令人快乐的东西，也不必担心会因此招致痛苦。所以他们认为，无论是什么事物，只要违反了天性，不管多么徒劳无益地将其视为快乐的东西

（似乎他们有能力去改变事物的天性，就如同他们能够改变事物的名称一样），它都不会给人们带来幸福，甚至会成为幸福的障碍。其原因在于：一旦那些有关快乐的谬论在人们的头脑中根深蒂固，人们就会拒绝真正的快乐。其实，有不少事物，从天性上看没有丝毫快乐可言，而且大部分还饱含着苦难，然而在一些邪恶欲望的驱使下，它们不仅被视为最大的快乐，而且还被视为有价值人生的主要理由。

乌托邦人将我前面所提到的那些阿尼蒙利安人也算做追求虚假快乐的一类人。他们自认为穿着打扮越好，自身也就越显高贵。在这件事上他们犯了双重错误：将自己的穿着打扮视为漂亮便毫无依据，而将自己看得高人一等则更是大错特错。从穿着用途的观点来看，难道细毛线要好于粗毛线吗？可是在他们看来，这种差别却是实实在在的，并非他们判断有误。因此他们趾高气扬，而且相信自己也身价倍增。于是，他们期待着人们对自己的华服盛装表示敬意——这是他们穿着朴素的时候所不敢奢望的。假如从他人身边走过受到了怠慢，他们便会表现出愤慨。

将这类空虚和无益的荣誉看得过重，不也同样是很愚蠢的吗？别人在你面前屈膝脱帽，能够给你带来什么真正的快乐呢？他们的这类举止是能够医好你腿上的膝痛，还是能治愈你头脑中的愚蠢？由于有了这种虚假快乐的观念，那些自以为高贵的人们便忘乎所以，自吹自擂。其实他们不过是有幸成为了某个祖先的后裔，可以拥有世袭的财产、特别是大量地产而已（今天的贵族们就是这样形成的）。即便这些人的祖先未曾给他们留下一寸土地，或者已将祖先遗留下来的财富挥霍殆尽，他们仍会感到自己拥有高贵的身份。

乌托邦人还将另外一类人与这些人相提并论。这类人醉心于珠宝，假如他们手头有上等珠宝，尤其是在一段时间内被视为这个国家最值钱的珠宝，他们便俨然以天神自居。同一块石头并非在任何地方都会受到珍视，当这些宝石被拿来买卖时，必须将它们从镶金底座中取出来，露出它的本色，而且要让卖主发誓，对宝物的成色做出担保——买主唯恐上当受骗。但是，当你不具备辨别真假的能力时，又怎能断言假货不会令你满心欢喜呢？老天在上，那些宝石对你和那些盲人，又有什么两样呢！

对另外一类人，我们又能说什么呢？这类人满足于拥有巨额的财富，对这些财富只是置之高阁，而不舍得用掉一分一毫。他们真的感到快乐吗？难道他们不是被一种虚假的快乐所蒙骗吗？还有一种人，他们的想法恰恰相反，不去蓄积财富，而醉心于收藏黄金。他们也不会使用这些黄金，甚至可能不会再多看它们一眼，却整日提心吊胆，生怕失去了它们。对这样的人，又该如何去评价呢？其实，这样的做法等于失去了那些黄金。如果他们自己不去使用这些黄金，而且也不允许别人使用，只是将它们埋在地下，这不是“失去”又能是什么呢？然而他们对藏在地下的这些财宝却兴奋不已，似乎这样做便可以无忧无虑了。假定有人偷走了这些黄金，而黄金的主人却全然不知又活了十年才离开人世，那么在这十年里，黄金是被窃还是安全，与他又有何干？因为在这两种情况下，黄金对他而言都是毫无用处的。

乌托邦人将那些沉迷于掷骰赌博（这类近乎疯狂的行为，他们只是听说过，却并没有见识过）、打猎放鹰之类愚蠢的享乐之徒，也视为追求虚假快乐的人。他们不明白，在桌子上掷骰子到底能带来什么快乐？这些人将骰子反复地掷来掷去，即使其中真的有什么乐趣，时间长了也会产生厌烦心理。而且如同听着猎狗狂吠，除了反感，还有什么快乐可言呢？不管是狗追狗，还是狗追兔，都不会给人们带来什么快乐。因为在这两种情况下，我们看到的都只是奔跑——除非狂奔能够给人们带来快乐。

假如你希望看到杀气腾腾和血肉横飞的杀戮场面，那么目睹了一只胆小虚弱疲于奔命而又无辜的小兔子被一只凶猛残忍的猎狗撕成碎块，激起的应该是你的恻隐之心呀！因此，乌托邦人把狩猎之类的活动都交给屠夫去做，他们认为做这类事情是与自由人的身份不相称的。而那些屠夫，正如前面所提到的，是由他们那里的奴隶来担任的。他们将狩猎视为屠夫们所做的最下贱的事情，除此之外，他们还有许多更有益的事情要做，只是在必要的时候才屠宰动物。与之相反，猎人们却无缘无故地杀死那些可怜的动物，并从中取乐。在乌托邦人看来，这种贪恋杀戮的欲望，即便针对的是那些野兽，也都缘自凶残的天性或者后天的堕落，人们最终会在诸如此类残忍的取乐中变得冷酷无情。

尽管很多普通人将这些活动以及所有其他类似的消遣视为快乐，但乌托邦人却认为，它们与真正的快乐相去甚远，因为它们本身绝无快乐可言。从一定意义上讲，普通人在这类娱乐中也被激发了某种快感，它们似乎具有快乐的功能，但这并不能够改变乌托邦人的看法。这类快感并非由事物本身引起，而是源自人们的一些不良习惯。由于这类习惯，人们会将痛苦视为快乐，就像一位失去味觉的孕妇会感觉树脂和兽脂比蜂蜜还要甜一样。然而，基于这些病态的习惯性判断，任何人都不可能改变快乐的本性——正如不能改变其他任何事情的本性一样。

乌托邦人将真正的快乐划分为许多种类，有的属于精神方面，有的属于身体方面。在精神方面包括智力活动以及对真理的思考所带来的快乐。此外，还包括人们对过去美好生活的回忆以及对未来幸福生活的信心。

他们将身体方面的快乐分为两类。第一种是那些能够为人们的感官所真切感受到的快乐。有些是在我们自身能量耗损而导致虚弱的某些感官在恢复过程中产生的，例如，饮食带来的快乐。有些是在我们排出体内过剩物质时产生的，如大小便、夫妻同房、搔痒抓痛带来的快乐。另外，我们还时常感受到另外一种快乐，既不源于恢复体内的耗损，也非来自某种痛苦的解除，那是一种妙不可言的巨大力量，触动着我们的感官，作用于我们的意识，并使我们的感官和意识完全处于一种自然的状态，这便是音乐带来的快乐。

在他们看来，还有一种身体的快乐是我们躯体的宁静与和谐。这其实没有其他特殊之处，就是指我们的身体健康免受各种疾病的侵扰。享有健康，免受各种痛苦的侵扰，即便不能体验到来自外部的快乐，也能让我们自身感到快乐。即便这种体验并不像人们急切盼望饮食那样明显和真切，很多人仍然将其视为最大的快乐。几乎所有的乌托邦人都将健康视为最大、最现实的快乐，认为它是一切快乐的前提和基础。仅仅因为拥有了健康，生活便会安宁并充满希望；相反，没有了健康，任何快乐都会远离人们而去。他们将那种在失去健康的情况下表现出来的无痛苦反应，称之为麻木无知，而并非快乐。

很久以前，他们便否定了一些人的观点。这些人认为稳定的健康状态（对此，他们也曾展开过激烈的讨论）不能称之为快乐，因为除了与外界接触外，我们几乎感觉不到它的存在。而如今，他们几乎一致赞同：健康是有助于快乐的首要因素。他们质问道，既然生病会令人痛苦，而痛苦是快乐的敌人——正如疾病是健康的敌人——那么为什么我们不能由此而断言，离开了稳定的健康便不会有快乐呢？他们认为，去讨论“疾病就是痛苦，还是疾病给人们带来了痛苦”并不重要，因为在这两种情况下都会出现同样的结果。值得肯定的是，不论你认为健康就是快乐，还是健康给人们带来了快乐，讨论这个问题就如同探讨火与热的关系一样，那些身体始终保持健康的人们，是不可能与快乐无缘的。

他们还声称，当人们进食的时候，不正是受到了削弱的健康和食物结成战友，一同向饥饿开战吗？在健康渐渐强大起来达到它本应具有活力的过程中，我们也体验到了进食带来的某种快乐，而且正是这种快乐让我们的健康得以恢复。既然健康在战斗中体验到的是快乐，难道在取得胜利之后，它不会表现得兴高采烈吗？当健康最终重新获得失去了的力量，达到了其为之战斗的唯一目标时，难道它会立刻变得麻木无知以至于意识不到它所得到的好处吗？在他们看来，那种认为健康不能被体验到的观点，与实际情况大相径庭。他们反问：只要不生病，当一个人处于清醒状态时，难道他不会感觉到自己身体很好吗？又有谁会麻木无知到否认自己的健康是合意而快乐的呢？

总之，乌托邦人首先坚持的是精神快乐，将它视为一切快乐中处在第一位的、最重要的。他们认为在这类精神快乐中，最主要的便是践行美德和体验美好的生活。对于身体所提供的快乐，他们独钟于健康。他们认为，人们也渴望得到饮食，以及其他任何能产生同样快感的事物所带来的快乐，但是它们都以健康为目的。这类事物本身并无快乐可言，只不过它们能够抵御疾病的侵袭。正如一个聪明的人总是祈求免于生病，而不是希望生病后能得到治疗；同样他也总是力图避免痛苦，而不是寻求解除痛苦。因此，最好的办法是不要去追求这种快乐，以免失去的时候会感到痛苦。

如果一个人认为他的快乐存在于这类快乐之中，那么他一定会认为：只有让生活不断地重复于饥渴、吃喝、挠痒、止痛，才会感到最大的幸福。又有谁不能意识到，这是一种令人生厌而又悲惨的生活呢？这类快乐是最低级的，其中掺杂了虚假的成分，因为在这些快乐产生的时候总是伴随有它的对立面——痛苦。例如，伴随着进食快感的，是饥饿痛苦。而且二者是不均衡的，人们所体验到的痛苦更为强烈，所持续的时间也更长。它在快乐产生之前就已经存在，但直到快乐消失之后它才消失。乌托邦人认为，这类快乐不能给予很高的评价，只是在一定限度内，它们才是必要的。然而他们仍然享受着这些快乐，并感激自然母亲的仁慈，她用那富有魅力的快乐，引导着她的子女们去做那些自己必须经常做的事情。假如每天用来解渴充饥的，是那些用于治病的苦药，那又会令人们感到多么的苦恼？

美丽、健壮、机敏，被视为上帝赋予人类特别而美好的礼物，乌托邦人非常珍爱这一切。不但如此，甚至连那些大自然仅仅让人类通过感官得到的快乐（因为没有一种生物能像人类那样，除了饮食外，还能欣赏植物的芬芳，能够用耳朵去欣赏音乐，由此而领略世界的美好绚丽），他们也会去追求，并视为生活的调味品。但对这一切，他们是有限定条件的——不能因较小的快乐而牺牲较大的快乐，而且今天的快乐不能导致明天的痛苦。他们认为，卑贱的快乐必然会导致痛苦。

乌托邦人认为，对于某些人表现出来的藐视外在的美丽、损害健壮的身体、使机敏变得迟钝、用绝食来残害身体损毁健康，以及其他一切拒绝大自然恩惠的做法，都是毫无意义的。只有为了他人和公众的快乐，或者当付出这些牺牲时能够预期会从上帝那儿得到更大的快乐，他们忽视自身利益的这类做法才是有价值的。而与此相反，这些人自虐要么不是为了有益于别人，要么让自己遭受磨难以备有朝一日能够从容应付的那种逆境永远也不会到来，因而在乌托邦人看来，这些人的态度是极端愚蠢的，只能表明一个人对自身的残忍和对自然的不敬。他们蔑视自然所给予的一切恩惠。

以上便是乌托邦人对德行与快乐的看法。他们认定人类的理智也只能达到这种程度，除非一种天赐的宗教能够给予人们更为圣洁的灵感。在这一点上他们是正确还是错误，我们是没有机会来证明的——而且也没有这种必要。我们所要做的，只是描述乌托邦人的一些基本原则，没有必要为他们辩护。但我们相信，不论你如何看待他们的观点，世界上都不会有比那里更出色的人民，也不会有比他们更幸福的国家。他们的身体机敏好动，而且比看上去更加健壮，当然他们的体形也并不矮小。尽管那里的土壤并不肥沃，气候条件也不太有利，但他们却能够通过让生活适应气候变化来保护自身，并通过辛勤劳动来弥补土地的缺陷。因此，世界上没有一个地方谷物和牲畜的供给比那里更为充足，没有哪里的人民比那里的人民身体更为强壮、更少地受到疾病的侵扰。在那里，你会看到普通的农活都料理得非常精细，因此那些天然的荒地通过他们的辛勤劳动和聪明才智得以改良；你还会看到成片的森林被连根拔出，移植到另外的地方。在那里，人们更多考虑的是运输是否方便，而不是物品是否丰富。由于通过陆路运输木材要比运输谷物花费更多的劳力，因此他们将树源尽可能地安排在海洋、河流和城市附近。

那里的人们一般都逍遥自在，性情温和，聪明灵巧，追求安逸。在必要的时候，他们会耐心地从事手工劳动——尽管他们可能对所从事的劳动丝毫不感兴趣。在智力活动方面，他们总是乐此不疲。当听我们讲到希腊的文学和学术时（因为在拉丁文中，除了历史和诗歌外，似乎没有别的东西能够赢得他们的赞赏），令人惊奇的是，他们非常渴望听到我们的讲解以掌握这些东西。

于是，我们开始给他们公开授课。一开始我们考虑更多的是，不应该将这一要求视为麻烦而加以拒绝，而且也不期望会取得什么效果。但刚开始不久，他们的勤奋便令我们感动了，我们做出的努力并未付之东流。他们很轻易地学会了书写字母，并轻松地学会了单词的发音，他们如此迅速地记住了我们所讲的一切，并准确地将它们回忆出来，其完美程度令我们惊叹不已。应该加以说明的是，听课者大部分人是根据能力选拔出来的那些年富力强的人，他们前来听课也不仅仅是出于本人的自愿，而且还受议事会的委派。在不到三年的时间里，他们很快掌握了希腊语，在原文没有讹误的情况下，他们能够精读名家们的作品。据我推测，他们之所以能够比较容易地掌握希腊语，是因为希腊语与他们本国语言之间有某种联系。我感觉到这个民族应当起源于希腊，因为，尽管他们的语言在很大程度上接近波斯语，但他们城市和官员的命名却保留着希腊语的痕迹。

在为第四次出航做准备的时候，我下定决心一辈子待在外面，不再返航。于是，我没有将那些要变卖的货物装上船，而是装上了一大捆书籍。因此，乌托邦人从我这里获得了柏拉图的绝大部分著作，亚里士多德❶著作的一部分，以及提奥夫拉斯图斯❷的植物学论著。但遗憾的是，那本植物学论著部分残失。在那次航程中，因疏于保管，它们被一只猴子发现，并拿去淘气地玩耍起来，扯破了不少书页，损毁了好几个章节。在语法方面，他们只是得到了拉斯克里斯❸的著作，因为我没有带去西奥多罗斯❹的作品。我还给他们带去了赫西基奥斯❺和狄奥斯科里迪斯❻的词典。他们非常

---

❶ 亚里士多德（Aristotle，公元前 384—公元前 322 年）——古希腊哲学家，柏拉图的弟子。

❷ 提奥夫拉斯图斯（Theophrastus，公元前约 371—公元前约 287 年）——古希腊植物学家，曾受教于柏拉图。亚里士多德隐居后，他掌管了亚里士多德学园的工作。著有《植物史》和《人物论》。

❸ 拉斯克里斯（Lascaris，1434—1501 年）——拜占庭学者，著有《希腊语法》。

❹ 西奥多罗斯（Theodorus，1398—1478 年）——拜占庭学者，所著希腊语法 1495 年刊印于威尼斯。

❺ 赫西基奥斯（hesychius）——大约 5 世纪希腊语词典编辑家。

❻ 狄奥斯科里迪斯（Dioscorides）——大约 6 世纪希腊语词典编辑家。

喜欢普鲁塔克[1]的作品，并被卢锡安[2]的那些警语妙论所吸引。在诗歌方面，他们得到了亚里斯多芬[3]、荷马[4]、幼里皮底斯[5]，以及阿尔德[6]用小号字排印的索福克拉斯[7]的作品。在历史方面，他们得到了修昔底德[8]和希罗多德[9]以及赫罗提安[10]的著作。

另外，在医药方面，我的同伴特里修斯·阿皮那德[11]带去了希波克拉底[12]的一些论文，以及盖伦[13]的《小医术》，他们认为这些作品都是很有价值的。尽管整个世界上恐怕没有哪个民族比乌托邦人更少地用到医学，但他们却对它更为看中。他们将医学视为哲学的一门最精深而又最实用的分支学科。在运用这门学问去探索自然的奥秘时，他们不仅让自身充满了快乐，而且还得到了自然的创造者和制造者的最高嘉奖。

---

[1] 普鲁塔克（Plutarch，46—120 年）——古罗马传记文学家、散文家。

[2] 卢锡安（Lucian，125—180 年）——古希腊讽刺作家。

[3] 亚里斯多芬（Aristophanes，公元前约 448—公元前约 380 年）——古希腊喜剧家。

[4] 荷马（Homer，公元前 875 年—公元前 8 世纪）——相传为古希腊的游吟诗人，生于小亚细亚，失明，创作了史诗《伊利亚特》和《奥德赛》。

[5] 幼里皮底斯（Euripides，公元前约 480—公元前 406 年）——古希腊悲剧家。

[6] 阿尔德（Aldus，1450—1515 年）——威尼斯著名印刷家。

[7] 索福克拉斯（Sophoclus，公元前 496—公元前 406 年）——古希腊悲剧家。

[8] 修昔底德（Thucydides，公元前 460—公元前 400 年）——古希腊著名历史学家，著有《伯罗奔尼撒战争史》。

[9] 希罗多德（Herododides，公元前 480—公元前 425 年）——古希腊著名历史学家。

[10] 赫罗提安（Herodian）——古希腊历史学家。

[11] 特里修斯·阿皮那德（Trcius Apinatus）——希腊语杜撰词，意为无聊的人。

[12] 希波克拉底（Hippocrates，公元前约 460—公元前 377 年）——古希腊著名医生，被西方尊为医学之父。

[13] 盖伦（Galen，约 129—199 年）——古希腊医生。

他们推测，就像其他设计者一样，自然的创造者也为人类展示了这个世界的显在结构，那便是世界上的各种景色。他只是将欣赏这些奇妙事物的能力赋予了人类。因此，他喜欢人类对他的杰作进行细致入微的观察并表现出仰慕之情；而不希望看到人类像那些没有理智的野兽，在如此伟大绝妙的景色前表现出无知和迟钝。

因此，在掌握了大量知识后，乌托邦人的大脑特别倾向于进行技术发明，由此而使生活变得更为有利和方便。然而，他们在两件事情上要感激我们，那便是印刷术和造纸。其实，这两件事情也并不完全归功于我们，很大程度上要归功于他们自己。当我们向他们展示阿尔德印刷的书籍时，只能将造纸的原料和印刷的技术大致讲给他们听，因为我们中间没有人是这些方面的内行。敏锐的乌托邦人很快便推测出其中的原理。尽管从前他们只是在羊皮、树皮和草纸上书写，但从那时起，他们便尝试采用造纸和印刷。一开始并不十分成功，但是随着试验次数的增多，他们很快掌握了这项技术。他们取得了巨大的成功，假如能够得到那些希腊著作的复本，他们的书籍将会丰富起来。但到目前为止，他们所得到的也仅是前面我所提到的那些作品，尽管如此，他们还是复制了几千册，大大扩充了那里的藏书量。

对于那些到他们国家观光旅游的人们，凡是被发现才智出众或者经长途游历熟悉许多国家情况的人，都会受到他们隆重的欢迎，因为他们很高兴听到世界上其他地方发生的事情。因此我们的登陆令他们感到欣喜。但是为了贸易而来到乌托邦的人却很鲜见——因为这里的人们需要的只有铁，而他们拥有的则是人人都希望带走的黄金和白银。而对于出口商品，在乌托邦人看来，比较聪明的办法是自己运往国外，而不愿让外国人来取走。通过这种途径，他们不仅能够获得其他民族更多的信息，而且也不会因疏于使用而荒废了他们的航海技术。

关于奴隶等等

除非是乌托邦人亲自参加作战，战争中俘虏的人，并不被贬作奴隶。同样，奴隶的子女，以及那些在国外沦为奴隶的人，在乌托邦也不被视为奴隶。他们的奴隶来源于两个方面：一类是在国内犯了重罪而被罚为奴隶的人；另一类是在国外犯罪而被判为死刑的犯人。其中，大部分属于第二类。他们从国外将这类人大批带回去，有时采用廉价赎买的形式，而更多的时候是不花费任何代价得到的。他们让这些奴隶不停地劳动，而且给他们带上脚链。他们对待本国的奴隶更加粗鲁。在他们看来，这些人接受了良好的道德教育，却仍然去犯罪，因而他们的结局更令人遗憾，更应该加重处罚，以儆效尤。

在这里，还有另一类奴隶，他们是其他国家的一些辛勤劳作而又一贫如洗的苦工们，自愿来到乌托邦做奴隶。这些人得到了良好的待遇，这里的人们对待这些人和对待乌托邦公民几乎没有什么区别。只是给他们分派的活稍重一些，而他们对此也已经习以为常了。如果他们中有人希望离开这里，乌托邦人绝不会强迫他们留下，而且还不会让他们空着手离开。

正如前面所提到的，病人们在那里得到了热心的照料。或采用药物疗法，或采用食物疗法，人们会想方设法来恢复他们的健康。对那些患有不治之症的病人，人们会安慰他们，坐下来与他们谈心，尽可能缓解他们的痛苦。假如一个人不但患了不治之症，而且疾病不停地折磨他，令他感到痛苦，这时教士和官员们便会来劝告他：既然现在已经不能履行任何生命的义务，或者不仅对个人是一种负担，而且还会拖累别人，这样活着还不如死去，所以就应当下定决心摆脱这种瘟病，既然生命已经成为一种折磨，就不要在死神面前犹豫不决，而应当怀着良好的愿望，将自己从这种痛苦的生活中解脱出来，就如同从监禁和拷打中解脱一样；或者也可以自愿地允许别人帮助自己解脱。在这个过程中，他的行动是明智的，因而死亡所终结的是痛苦，而不是快乐。他这样做是听从了教士们的忠告，教士是上帝意志的传达者，因此这是一种虔诚而圣洁的行为。

那些被这类理由劝服了的人，或者绝食而死，或者在睡眠中不知不觉地结束了生命。但他们不会强迫人们去自杀，而且即使在这种情况下，人们也丝毫不会放弃对他们的监护。乌托邦人认为，只有接受了那些经教士和官员们劝告的死亡，才是值得尊敬的。假如一个人在没有得到权威人士同意的情况下自杀身亡，人们便认为他配不上火葬或者土葬，而只能被抛尸沼泽。

在乌托邦，女人直到十八岁才能结婚，男人则要满二十二岁。不论男女，如果婚前被证明犯有私通罪，他们便会受到严厉的惩罚，并且均被禁止结婚，除非总督赦免他们的罪过。此外，他们的父母也会因未尽到自己的责任而蒙受奇耻大辱。乌托邦人之所以对私通罪惩罚如此严厉，是因为他们有先见之明。在他们看来，除非认真地制止性泛滥，很少有人愿意接受婚姻的约束。因为婚姻意味着一个人必须同另一个人厮守一生，而且必须耐心地承受那些随时可能出现的烦恼和忧愁。

在选择配偶的时候，他们遵奉着一套严肃认真的风俗习惯，而这在我们看来可能是非常愚蠢和极端可笑的。女方不论是处女还是寡妇，都要赤身裸体，由一位有声望的妇女带到求婚者的面前；与此相似，求婚者也要赤身裸体，由一位办事公正的男子带到女方面前。我们会嘲笑这种风俗，并认定它是愚蠢的。恰恰相反，让乌托邦人感到吃惊的是在其他国家存在的一些极端愚蠢的现象。在这些国家里，仅仅花很少的钱去买一匹小马，买主们却非常慎重。尽管这匹马几乎是光着身子，他们还要卸下马鞍，取下所有的马饰，生怕下面藏有烂疮，不这样全面检查一番，他们是不会付款的。然而，当他们选择妻子的时候，尽管这件事会影响到此后一生的幸福，但是他们却颇为粗心，女方的身体大部分被衣服所遮掩，他们只能依据露在外面的只有巴掌大小的脸庞，由此而对女方做出整体评价。如此一来，在结成伴侣时可能会比较满意，假如过后发现了彼此之间存在一些不满意之处，必然会对他们之间的感情造成伤害。

并非所有的男人都很明智，只看中女方的人品，即便那些明智的男人，在婚姻问题上也会认为：一个女人身上的吸引力，会使她的心灵美德增彩不少。当然，那些可恶的瑕疵可以被衣服所遮掩，但如果这样去做的话，他们心灵上的疏远便会日渐加剧。假如残疾是在婚后因偶然事故造成的，人们便只好认命，然而若出现在婚前，法律就应该保护人们免于上当受骗。

由于乌托邦人是他们那个世界里唯一施行一夫一妻制的民族，而且除非是死亡、通奸或者难以忍受的坏脾气，他们的婚姻很少被解除，因此这一措施显得尤为必要。当男方或女方受到上述伤害时，议事会就会允许他（她）们离异并另觅配偶。被离异方则终生蒙受耻辱而且只能过着独身的生活。但是，丈夫如果要强行摒弃一位无可指责、只是由于灾祸而致残的妻子，在那里是不被允许的。在他们看来，要抛弃那些最需要安慰的人和老年人，是非常残忍的。因为这两种人，要么容易生病，要么本身就有疾病，都不应当受到背信弃义的对待。

但是，有时也会发生这样的事情：如果已婚夫妇都认为他们的性情不合，而且找到了有望更适合生活在一起的人，经过议事会核准后，只要双方同意，便可以离异并各自组建新的家庭。议事会成员以及他们的夫人要对事情原委进行认真的调查，之后才能允许他们离婚。当然，即便此时他们也不会轻易得到许可，因为乌托邦人知道，如果夫妻双方能够很容易地实现重组家庭的愿望，那么对于将他们维系在一起的感情将是十分不利的。

破坏婚姻关系的人会受到严厉的惩罚，他们会被罚为奴隶。假如他们都已结婚，如果受害方同意，他们可以与私通者双双离异并结为夫妻；或者受害方可以与他（她）所喜欢的人结合。但如果受害方仍然对忘恩负义的配偶怀有感情，只要他（她）情愿与被罚为奴隶的配偶共同生活和劳动，他们的婚姻也可以继续有效。有时可能出现这样的情况：一方表示忏悔，而另一方殷勤本分，由此得到了总督的怜悯，让他们重新获得自由。但若是重犯，则会被处以死刑。

至于其他罪行，并没有用来治罪的专门法律，而是由议事会根据个别案件的恶劣程度以及可恕性加以处罚。除非所犯罪行过于严重、需公开处罚以利于整饬公共道德外，一般情况下，妻子犯过由丈夫处罚，子女犯过由父母处罚。通常最重的处罚是将犯人贬为奴隶。乌托邦人认为，这种处罚可以让犯人们心生畏惧，而且对国家更为有利，要胜过将他们判处死刑并立即处死。一方面让他们去劳动比将他们处死对社会更为有益，另一方面他们的处境可以在更长的时间内警示他人不再犯同样的罪行。但假如他们想以卵击石起来反叛，那么便会因此而被处死，下场就如同那些难以驯服、野性不改的野兽一般。但是，假如他们能够服从处罚，那么他们还有一丝希望。如果在长期严厉的处罚下，他们有了悔改的表现，并非因受到惩罚而是发自内心地对自己所犯过的罪行感到懊悔，这样经由总督特许或者人民投票，会减轻他们的处罚，甚至彻底取消他们的奴隶身份。

企图强奸同实质强奸样要受到同样的惩罚。在定罪时，预谋未遂与真正行为被视为同罪。因为，在乌托邦人看来，对于那些没有力量去做他们想做事情的人，未遂不能成为他们开脱的理由。

乌托邦人很喜欢丑角。在这里，侮辱丑角是极不体面的，但这并非要禁止人们从他们的滑稽表演中取乐。恰恰相反，他们认为能够从丑角们的表演中取乐，是对这些丑角的最大回报。假如有人过于严肃持重、忧郁深沉，而不能被丑角们的表演所逗乐，丑角对于他们也就可有可无。丑角们担心这些人不会对他们的表演十分着迷，因为对这些人而言，丑角既无用又无趣，而逗趣正是丑角们所拥有的唯一技能。

去嘲笑那些容貌损毁或手足残缺的人，在乌托邦人看来是卑鄙可耻的，这当然不是针对那些被嘲笑者，而是针对那些嘲笑者。因为去责难那些看起来起因于过失而实则不可避免发生的事情，是十分愚蠢的。尽管乌托邦人将不珍惜自然美的举动视为懒惰和愚蠢，但过分的装饰打扮在他们看来也是不体面的。经验表明，对一个丈夫而言，无论妻子的外表多么迷人，都比不上她的正直与忠贞。有些男人只是被女人漂亮的外表所吸引，但只有美德和忠贞才能让男人对她忠贞不移。

乌托邦人不仅通过惩罚来阻止人们犯罪，而且还通过授以荣誉来引导人们向善。因此，对于那些为国家做出重要贡献的伟大人物，乌托邦人会在市场上为他们树立起雕像，作为他们高尚业绩的标志，屹立在那里；而且，祖先们的荣誉也可以鼓舞和激励他们的后代去追求美德。

那些试图通过操纵选举来获取官职的人，根本没有希望在乌托邦做官。在这里，人与人之间相处融洽。没有哪个官员会自视高傲、盛气凌人。他们被尊称为父亲，而且表现出作为一位父亲应有的品行。人们对他们的尊敬是自发产生的，这一切都被视为理所当然，无需任何强求。总督本人与其他公民的区别，并不表现在他们穿有长袍，戴着王冠，而是他们所持的那把谷穗——就如同主教的标志是在他面前有一支燃烧着的蜡烛。

他们这里几乎没有法律，因为对于受过如此教育的人们，几乎不需要什么法律。乌托邦人发现，其他地方人民的主要缺点是，面对着数不清的法令和诠释，还觉得不够用。他们认为，用那些浩如烟海和晦涩难懂的法律来约束人们，是极不适宜的。

而且，他们还把所有的律师驱逐出他们的国家，因为那些律师们巧于伪辩、玩弄辞藻。他们认为最好的办法是，让每个人自己提出申诉的理由，把他想要告诉律师的事情原封不动地讲给法官听。因此，只要人们不在律师的授意下说谎，而且自理讼事，同时法官们能够熟练地权衡各种供词，帮助那些头脑简单的人挫败奸诈狡猾者的诬告，那么真相便很容易被探明，不会模糊不清。在其他国家是很难做到这些的，因为他们拥有繁杂而又极为复杂的法律。然而在乌托邦，每个人都是法律专家。首先，正如所提到的，这里的法律极少；其次，在这里对法律最清楚的解释被视为最合理的解释。

他们的这种做法来自于以下推论：由于颁布法律是为了提醒每个人履行自己的义务，因而，对法律的解释越是深奥，能够接受这种提醒的人便越少（因为很少有人能理解它）；相反，对法律的解释越清楚，它的含义便越容易为大众所理解。另外，根本不制定法律，或者所制定的法律只有经过深入思考和长期讨论才能被人们所理解，这对于那些人数众多、且最需要指导的普通百姓而言，又有什么两样呢？哎，那些没有受过教育的人们，怎么可能理解这类诠释的含义？而且他们还要倾其所能去谋生，又哪里有时间来做这些事情呢？

乌托邦人的这些美德，也对他们的邻邦产生了积极的影响。这些邻邦是些自由而独立的国家，其中有不少是很久前在乌托邦人的帮助下摆脱了暴君的统治。这些国家请求他们委派官员帮助治理，这些官员任期短则一年，长则五年。当他们任期届满的时候，当地的人们便护送他们载誉而归，同时又迎来了他们的继任者。当然，这里的人们为国家选定的是那些正直而可靠的官员。既然官员的品行决定着国家的兴衰，那么还有什么办法比他们所采用的更为明智呢？这些来自乌托邦的官员们用不了多长时间便要返回他们的国家，所以不会被功名利禄所诱惑；而且他们并不熟悉当地的公民，不会偏袒任何人。偏袒和贪婪，一旦对人们的判断产生影响，一切公正顷刻间便会化为乌有——而公正是一个国家力量的源泉。那些请求乌托邦派遣行政长官的国家被称为盟邦；而曾经受益于乌托邦的其他一些国家则被称为友邦。

其他国家之间会经常签订条约。说废除便废除，说恢复又恢复。乌托邦人却从来不同任何国家签订条约。“条约能起什么作用呢？”他们反问道，“难道顺其自然，就不能将人们紧紧地联系在一起吗？假如某个人连自然而然都做不到，还能指望他看重那些条约文本吗？”

他们之所以持这种观点，是因为在那个世界里，国王们之间的条约和联盟并不能得到很好的遵守。然而，在欧洲，尤其是那些基督教信仰和教义盛行的地方，条约的权威性被人们普遍视为神圣不可侵犯，这一方面是由于国王们都很公正贤明，另一方面是出于对至高无上教皇的敬畏和恐惧。教皇和其他高级神职人员总是按照自己的诺言行事，因此他们也命令其他所有的统治者无论如何要遵守自己的诺言，那些违抗命令者会受到友善的批评或者严厉的谴责。然而，教皇完全应该想到，那些被认为是最忠实的信徒，竟然也可能不会忠实地履行他们的诺言，而这是最为可耻的事情。

然而，在那个新世界，在那个赤道附近距离我们很远的地方，人们的生活和性格竟与我们相去甚远，在那里人们根本不相信条约。条约签订时所举办的仪式越是盛大庄重，条约废除得会越快。他们会从字里行间寻找漏洞，有时这些漏洞是他们狡猾地故意留下的，这样他们便永远也不会受到这类协约的束缚，可以摆脱它们，撕毁条约，背信弃义。如果这类狡诈手段（甚至也可称之为欺诈蒙骗）发生在私人的契约中，有人可能会以极轻蔑的态度对其横加指责，将这类事情视为冒犯圣明，认为应当被处死。而同样是这些人，因为向国王提出了类似的建议，则被大加赞赏。

因此，人们不禁会联想到，要么所有的公正只是针对平民的低级德行，那是不能与国王的权威相提并论的；要么世上有两种形式的公正，一种是在社会底层的，必须严格落实，它们只适用于普通百姓，为他们设定了种种限制，不准他们越雷池半步；另一种则是国王们的德行，由于与普通人的公正相比它显得更为庄严，它也就更为随意，对它而言没有什么事情是不允许做的，除非它不愿意去做。

在我看来，以上所提到的某些地方的统治者们对待条约的不良举动，正是乌托邦人民不缔结条约的原因。假如是生活在我们的国度，他们或许会改变自己的看法。然而，他们相信，即便条约得到了很好的遵守，但若形成了制定条约的习惯，也是很令人遗憾的。如同那些被某座山或某条河隔离开的人们，似乎不再由自由的法则将他们联系在一起，这样做的结果是：人们确信，大家彼此是天生的对手和敌人，除非有条约禁止，人们一定会以消灭对方为目的。而且，即便签订了条约，友谊也不会就此建立起来。海盗活动仍然猖獗，是由于拟订条约时缺乏技巧，对这类活动的有效预防没有写进条文里。与此相反，乌托邦认为，不应当将那些没有伤害过你的人视为敌人，友谊应是自然产生的，并不需要借助条约。能够将人们更好更紧密地联系在一起的，不是契约和文字，而是美好的愿望和崇高的精神。

关于战争

乌托邦人非常憎恨战争，尽管战争是唯一一种适合于野兽的活动，但是没有哪种野兽会像人类这样如此频繁地进行战争。他们与绝大多数民族的习惯做法相反，将在战争中得到的荣誉视为最不光荣的事情。然而，不分男女，他们都要在固定的时间里不懈地进行军事训练，以免需要的时候不能参加作战。他们去作战仅仅是为了保卫自己的国土；或者为了赶走那些侵入他们友邦的敌人；或者出于同情那些被暴政压迫的人民而采取武力，帮助他们从暴君的束缚和奴役下解脱出来，这是由人类的同情心所唤起的一种行为。

乌托邦对友邦的军事援助，并非仅仅是为了帮助他们抵御侵略，有时是为了替那些曾经遭受过侵略的友邦复仇。然而，只有在事前经过了内部蹉商，他们才能采取行动。如果战争要由乌托邦人来发动，前提则是他们能够赞同这样做的理由，而且赔偿的要求遭到了拒绝。当侵略者大肆掠夺的时候，他们不得不选择战争；如果友邦的商人被另一个国家以正义为幌子施以不公平的迫害，或者所依据的法律不公正，或者歪曲地使用公正的法律，他们将更加勇猛地去作战。

在我们到达那里之前不久，乌托邦人发动的一次战争就基于这种原因，在那场战争中，他们代表尼佛洛吉特人[1]同

---

[1] 尼佛洛吉特人（Nephelogetes）——希腊语杜撰词，意为“云雾中出生的人”。

阿勒波利坦人[1]作战。他们认为，尼佛洛吉特商人在阿勒波利坦人那里遭到了以法律为借口的不公正待遇。但不论公正与否，一场残酷的复仇战争最终爆发了。在这场战争中，邻近各国投入了大量的人力和资源，助长了战争的势头，加剧了交战双方的怨恨。许多繁荣的国家为此要么动摇了自身的根基，要么遭到了重创。直到阿勒波利坦人投降并被贬为奴隶，持续不断的纷争才得以结束。由于乌托邦人不是为了自己的利益而战，他们便将阿勒波利坦人交给尼佛洛吉特人治理。而在阿勒波利坦人繁荣的时候，尼佛洛吉特人是根本无法与他们抗衡的。

乌托邦人对强加给他们友邦的不公正待遇，哪怕仅仅是与金钱有关的一些事情，都要如此激烈地进行讨伐，而对他们自身所受到的不公正待遇却并非如此。在他们因受骗而在异国损失了物品，但没有受到人身伤害的情况下，他们愤怒的举动仅仅限于：在得到满意答复之前，断绝与那个国家的贸易往来。这并非由于他们对本国国民的关心不如盟邦，他们对盟邦的金钱损失比他们自身的损失更感到痛心，因为友邦的商人所损失的是个人财产，为此会受到沉重的打击；而他们自己的公民所受的损失则来自公库，这些东西本来就是丰富的。事实上，在国内也是多余的——否则就不会将它们出口了。因此，每个人都不会感觉受到了什么损失。乌托邦人认为，为了诸如此类的损失而去复仇是非常残忍的，复仇

[1] 阿勒波利坦人（Alaopolitans）——希腊语杜撰词，意为“盲人国的公民”。

会导致许多人命丧黄泉，但由于这类损失而造成的伤害却根本不会影响到本国人民的生命和生活。

但是，一旦乌托邦人公民在国外因受到不公正待遇而致残或者被害——不论是由政府还是个别公民谋划的，乌托邦人首先要派遣特使去搞清情况，如果罪犯不能被引渡，他们决不姑息迁就，而会立刻宣布开战。如果罪犯被引渡回来，他们会对其加以惩罚，要么处以死刑，要么将其贬为奴隶。

如果胜利是用大量的鲜血换来的，他们不仅会感到遗憾而且会感到惭愧。他们认为这样做就像买卖物品一样愚蠢——尽管得到了珍贵的物品，但却为此付出了沉重代价。假如他们能够用计谋和韬略战胜并征服敌人，他们便会感到极其自豪，会举行公开的庆典庆祝胜利，还会树立起纪念碑——如同对待丰功伟绩。他们自诩自己的行为是勇猛豪壮的，因为只有人类而没有任何动物能够赢得这样的胜利。也就是说，这种胜利是通过智慧的力量取得的。在他们看来，凭借体力去搏斗的，不过是诸如熊、狮子、狼、狗以及野猪之类的野兽。它们中的大部分，在力气和凶猛方面都超过了人类，但我们人类却长于动脑和谋划。

他们进行战争所追求的唯一目标，假如在此之前便能够达到，本是可以避免宣战的。如果战争不能避免，他们将对那些责任者给予严厉惩罚，以免这些人将来再犯同样的罪行。这便是他们在战争中最为关心的事情，战争一开始他们便会迅速为此而努力，他们更为关心的是如何避免危险，而不是去赢得赞扬和名誉。

在宣战的同时，他们会在敌方领土上最重要的场所秘密地张贴大量的告示，这些告示上盖有乌托邦国的公印，因而会产生更大的效果。他们在告示上允诺，对杀死敌国国王的人，将予以重赏。另外，公告上还列出了其他一些人，这些人的首级尽管不如国王值钱，但也相当可观。他们认为，在针对他们的敌对行动中，这些人的罪责仅次于国王。不论他们对刺杀这些人开列了多少赏金，只要有人能够生擒他们，都会得到双倍的赏金。如果被声讨的人能够倒戈一击，乌托邦人将会给他们同样数目的赏金，并保证他们的生命安全。

于是很快出现了这样的情况：他们的敌人对圈外人都抱着怀疑的态度；而且，圈内人之间也互不信任，难得忠诚。他们感到大难临头，极度恐慌。大家都知道：重赏之下，必有勇夫。他们中的许多人，甚至包括国王本人，都屡屡被那些自己认为最贴心的亲信出卖。乌托邦人对赏金毫不吝惜。只要考虑到那些按他们要求去做的人会冒更大的风险，他们就会尽可能使保证提供的赏金与这种风险对称。因此，他们不但忠实地履行诺言，付给这些人大量的赏金；而且还在友邦领土上的安全地带，分封给他们收益丰厚的地产。

这种对敌人出价收买的做法，在别处被视为无情无义的卑鄙行为，而乌托邦人则将其视为一种极高的荣誉。这样做首先体现了他们的智慧，因为他们可以兵不血刃地让战争结束；其次体现了他们的人道和仁慈，因为由此可以仅仅用少数罪人的死来换取卷入战争的大量无辜人民的生。实际上这些人民来自交战的双方。对敌国的人民，乌托邦人怀有同对本国人民一样的同情。他们深知，普通百姓参与战争并非出自他们的本意，而是受到了那些疯狂的国王们的驱使。

如果这种计谋不能奏效，他们便在敌人内部撒播不和的种子，通过唆使国王的某个兄弟或大臣觊觎王位，来加剧他们之间的矛盾。假如不能挑起内部争吵，他们又会鼓动那些敌国的邻居们制造事端，让他们重新提出早已被遗忘的领土要求。当然，诸如此类的要求，国王们是可以信手拈来的。他们应允为战争提供援助，在金钱上慷慨解囊，而在派出自己的居民参战方面却会谨慎从事。他们对本国居民的生命异常珍爱，相互之间很重视，以至于不会拿任何一个同胞的生命去与对方的国王相交换。至于那些黄金和白银，他们保存这些东西本身只有这样一种用途，因而使用起来便丝毫也不会感到惋惜，即便将它们全部用完，他们仍然会生活得很好。另外，除了他们在国内所存积的财富外，他们在国外的很多地方也存有大量的财宝——正如我前面所提到的，很多国家欠他们的债。

利用这些财富，他们雇佣士兵去作战。这些雇佣兵来自四面八方。泽波勒德人[1]居住在乌托邦以东五百里远的深山老林里，他们面目可怖，凶残而野蛮，对养育他们的那片土地怀有很深的感情。这个种族的人身体结实，耐寒暑，能吃苦，

[1] 泽波勒德人（Zapoletes）——希腊语杜撰词，意为“急于出卖自己的人”。

行为举止粗俗。他们不事农桑，对住所和穿着也不讲究，只从事畜牧业。在很大程度上，他们是靠狩猎和劫掠为生。他们生性好斗，急切地寻找着战斗的机会。一旦有这样的机会，他们决不会放过。他们大批地离开家乡，为了低廉的报酬，去替那些需要他们的人作战。他们一生中所熟悉的唯一职业便是与死神打交道。

只要有人付给报酬，这些泽波勒德人便会勇敢而忠诚地为他们作战。但他们并不受预定期限的约束。假如明天，有人出更高的价值，即便这些人是他们的敌人，他们也会走到一起。而到了第二天，仅仅为了稍微多出一点的报酬，他们又会回到原来效力的一方。

几乎在所爆发的每一场战争中，交战双方的军队中都有很多泽波勒德人。人们经常可以看到这样的情景：这些因血缘联系在一起的人们，当他们受雇于同一方时，彼此相处的是那般亲密；不久后，当分别为交战双方所雇佣时，他们便可能在战场上相遇，他们相互厮杀起来极端地残忍，完全忘记了他们的血缘关系和彼此的友谊。驱使他们去消灭对方的没有其他原因，只是因为雇佣他们的交战国的国王们给予他们那点报酬而已。但正是这点报酬却令他们非常看重，为了每天能够多得一便士的收入，他们便会轻而易举地被拉到另一方去。于是，他们很快变得贪婪起来，尽管这对他们丝毫没有什么好处。他们拿命换来的一点钱，很快又会在寻欢作乐的无聊生活中消耗殆尽。

这些泽波勒德人甘愿替乌托邦人同任何敌人作战，因为在这里他们所得到的报酬比在其他任何地方的所得都要多。乌托邦人在寻觅贤者予以重任的同时，也罗致了这类家伙好派上用场。一旦需要，他们便许以重金为诱饵，驱使这些泽波勒德人去为他们卖命。在一般情况下，这些人中的一大部分永远也不会回来索取报酬了，但那些生还者则会如数得到许诺给他们的一切，以此来诱使他们今后会照样不怕死地为乌托邦卖命。乌托邦人根本不去考虑会有多少泽波勒德人为他们战死，因为在他们看来，如果他们能够将世上所有诸如此类邪恶可恨的人渣清除，那将是对人类最大的善举。

除了雇佣泽波勒德人外，乌托邦人还雇佣他们所支持一方的士兵，以及来自他们友邦的援军。最后，他们还会补充部分本国的公民，并从这些人中选拔出一位久经沙场的勇士来指挥整个军队。他们为这位指挥官配备了两位副手，只要他健在,他的副手们就没有军衔。但是,一旦他被俘或者遇难，两名副手们排在前面的便理所当然地成为他的继任者，假如形势需要，第三个人又会接任。这样，他们便可以避免因指挥官遇难而导致整个军队陷入混乱。毕竟，战争中的这类偶然性是难以预料的。

每个城市都对那些志愿参战者进行甄选。他们不会强迫那些不愿参战的人到国外去作战，因为他们坚信，一个天生有些胆小的人，不仅自己不能表现出男子汉气概，还会削弱同伴们的士气。但是，假如战火烧到了他们本土，那些懦夫们只要身体适合，也会被送上战船，与那些勇敢者们编在一起作战，或者将他们派往各处去守城墙——在那儿他们是无处可逃的。这样，为了避免因畏缩胆小而在自己的同胞面前蒙羞，当敌人已经近在眼前而且没有逃脱的希望时，他们便会联合起来战胜胆怯，在形势极为紧迫的情况下英勇地进行战斗。

一方面，他们不会将那些不愿作战的男人们派往国外，但另一方面，假如有的女人非常希望能同她们的丈夫并肩作战，他们不但不会加以禁止，而且事实上还会加以鼓励，并通过奖赏激发她们的斗志。出征后，她们会与自己的丈夫一起被派往前线。在前线阵地上，每个人的周围都有自己的儿女和亲属，他们作战起来更可能亲密无间，相互之间更可能提供援助，因为他们是被一种天然的血缘关系与婚姻关系紧密联系在一起的。无论是做丈夫的在归来时失去了妻子，还是做儿子的归来时失去了他的父亲，都会被视为奇耻大辱。结果是，两军相接，一旦敌方顽强抵抗，战斗便会历时长久而又残酷激烈，直杀到双方都不剩下一兵一卒。

正如我曾经提到的，只要能够借助于雇佣军结束战争，他们就非常注意避免亲临战场。如果不可避免地要亲自参战，他们就会勇敢地去作战——如同他们曾经为避免亲自参战所付出的努力一样。在一开始，他们的攻击并不凶猛，但随着所遇到的抵抗渐趋激烈，他们进攻的力量也在逐步加强。他们的意志是如此顽强，以至于即使碎尸万段，也不会低头屈服。由于无需为当前家中的生计担忧，也不必考虑家庭在将来可能面临的一些麻烦——正是这类忧虑在到处折磨着那些最有勇气的人，这就使得他们精神高昂，充满了必胜的信心。

另外，他们所接受的专门军事训练也令他们颇具自信。最后，他们自小便通过学校教育和优越的制度培养起良好而稳妥的判断力，这更增加了他们战胜敌人的勇气。因此，他们不会将生命看得一钱不值，随随便便将其抛弃；也不会过分珍惜生命，以至于当道义要求放弃的时候还会苟且偷生。

当各处的战斗都达到白热化状态时，由一批精选的年轻人组成的敢死队会去搜捕敌方的指挥官。他们要么在明处攻击，要么暗中伏击，而且会同时从远端和近处发动攻击。一拨又一拨的士兵会将这种进攻持续下去，新手源源不断地加入进来，替换那些已经精疲力竭者。这样，除非敌方的指挥官逃走，否则不是被杀死，就是被生擒。

如果胜利归属于乌托邦人，他们绝不会滥杀一气，因为他们总是下令俘虏败兵，而不是杀死他们。他们在追击溃逃的敌军时，总是令一支人马停留在他们的军旗下面，随时准备出击。在这种情况下，即使其余力量被打败，他们也可利用这支保存下来的人马获取胜利。这支人马宁可眼睁睁地看着敌人逃走，也不愿打乱自己的阵形去追赶敌人。他们记得曾不止一次经历过这样的情况：他们的大部分军队被打败而溃退，被胜利冲昏了头脑的敌军从四面八方追赶着对手，敌军感到自己不会受到任何威胁，放松了警惕。这时，他们那支留待应急的少量部队突然向分散在各处的敌军发起进攻。于是，他们改变了整场战斗的命运，将敌方眼看到手的、确定无疑的胜利夺走，由战败者转而成为胜利者。

很难断言，他们这样做是为了设计埋下伏兵，还是为了小心地避开敌军。如果他们最终确实逃走了，那么你可能会认为，他们这样做是打算逃跑；但是，从另一方面看，当他们真的决定逃走时，绝不会让人感觉到他们有这种打算。假如他们发现自己在数量上或者在地形上处于劣势，他们便会在夜间悄悄开拔，将队伍撤走；或者，用计谋欺瞒敌人；或者，他们在白天不知不觉地撤走，撤退时秩序井然，但若在此时向他们发动进攻同样是危险的，就如同他们是在前进一样。他们用又深又宽的壕沟来加强对营房的防卫，从壕沟中挖出的土堆在它的内侧。他们不会让最下层的劳工们干这种事情，而是让士兵们亲自动手。除了那些在围堤上手持武器负责警戒的人，全军上下都会参与这项工程。于是，经过众人的努力，他们会以惊人的速度完成那些巨大的防御工事，围起大片的空地。

他们穿戴着盔甲，这些盔甲坚硬得足以抵御刀砍箭伤，而且身体行动起来也很方便。即使在游戏时也不会感到丝毫笨拙，因为他们所受军事训练的一部分，便是全副武装练习游泳。他们远距离作战所运用的武器是弓箭，无论是步兵还是骑兵，射出的箭都很有力量，而且命中率很高。短兵相接时，他们不用刀剑，而用战斧。这种战斧有锋利的尖，而且分量很重，无论是用来刺还是用来砍，都颇具杀伤力。他们还巧妙地发明了一些实战机械装置。这些装置造好后，他们便极为用心地将它们藏好，以免在运用它们之前让对方了解情况，因发挥不了作用而成为笑柄。在制造这些装置的过程中，他们首先要考虑的是容易携带并便于操作。一旦与敌方停战，他们便会忠实地履行有关协议，即使受到了对方的挑衅，也不会撕毁协议。他们不会去蹂躏敌方的国土，也不会烧毁他们的庄稼。而且只要可能，他们决不允许自己的人马去践踏这些庄稼，以便留待成熟后供他们食用。除非是间谍，他们决不伤害平民。对那些向他们投降的城市，他们秋毫无犯。即使是那些猛攻下来的城市，他们也不会去大肆掠夺，而是将那些顽抗者和拒绝投降者处死，余下的则贬为奴隶。他们对平民群众绝无伤害。假如发现有人曾建议投降，他们会从充公的财产中取出部分奖赏给他。他们将余下充公财产赠送给自己的援军，但本国的士兵不会得到任何战利品。

战争结束的时候，乌托邦人并不向友军索取他们曾为之支付的费用，而是让战败国支付战争费用。在这方面，他们不仅要求战败国赔款——这些钱将存放起来以备用于类似的战争，而且还没收他们的地产，从这些地产中他们能够享有源源不断的巨额的岁入。乌托邦人在许多国家都享有这种岁入，将来自各方面的岁入加在一起，他们每年所得可超过七十万达克特。[1]他们向地产所在地委派财政官员，这些官员

[1] 达克特（Ducats）——过去在欧洲许多国家通用的金币名。

们在那儿过着豪华的生活，扮演起大员的角色。但他们会将大量的财富上交乌托邦公库——除非在战败国做些信贷。事实上只要不用钱，他们便常常将它们贷给这些国家，而且即使需要，他们往往也不会取走全部贷款。从这些地产上所得的一部分财产，他们将分给那些被请来从事危险任务的人。这一点前面已经做了描述。

假如有哪个国王要起兵与乌托邦人作对，并且做好了入侵的准备，乌托邦人立即会派出强大的军队越过国境迎击敌军。他们从不轻易地在本土上进行战争，而且无论形势多么紧急，都不会允许外国援军进驻乌托邦岛。

关于乌托邦的宗教

不仅在乌托邦全岛，而且在它的每个城市里，都存在着各种各样的宗教。有的人崇拜太阳，并将它奉为神；有的人崇拜月亮；有的人崇拜某一行星。有些人崇敬那些以德行或者荣誉而著称的先贤们，把他们也视若神灵，而且是至高无上的神。但是对于绝大多数乌托邦人——那些较为明智的人，他们不会信奉所有的这一切，而只会信奉唯一的神。这个神不能为人类所感知，永恒存在而又无边无际，对人类而言他神秘莫测，远非人类的思维所能把握。单从他的威力，而不论他的外形，他遍布整个宇宙。他们称他为父，并将万物的起源、成长、发展、变迁以及灭亡等可观察到的现象，统统归因于他。除他之外，这些人决不会将任何别的东西尊奉为神。

另外，尽管其他乌托邦人信仰各异，但所有的人在这方面意见都是一致的，即只有一位至高无上的神，它创造并主宰着整个世界。在乌托邦语言中，这个神被一致称为“密斯拉”❶，但另一方面，不同的人对这个神的理解又是不尽相同的。然而，不论人们对这位至高无上的神有何理解，乌托邦人都认为，所有国家的人都会认为它具有无与伦比的力量和尊严，并孕育了世上万事万物的自然本性。可是，他们正逐步摆脱这类掺杂了大量迷信的信仰，并形成了一种统一的信

❶ 密斯拉（Mythras）——古代波斯的太阳神。

仰，这种信仰在理性方面超越了其他一切信仰。实际上，假如不是因为一个不幸的事件，他们那里其他的信仰早已销声匿迹。他们的一位成员在遭遇到那次不幸时，正考虑要改变信仰，恐惧让人们将这一不幸归于上天，而不是当作偶然发生的事情——似乎这正是由于他抛弃了所崇拜的神这种不恭行为，才遭到了这样的报应。

可是，当他们从我们这儿听说了基督的名字——他的教义、他的品行、他的非凡业绩，以及许多殉道者始终不渝、甘愿流血使远近无数国家的人民皈依我们的宗教之后，你难以置信他们多么容易地接受了它。这或许是源自上帝那颇为神秘的感召，或许是因为他们感到这个宗教与他们那儿广为流行的信仰最为接近。但是，我感到这里面有一个因素也相当重要，那便是他们听说：上帝很高兴看到他的门徒们采取公共的生活方式，而且这种生活方式在真正的基督教团体中仍然沿用。不管是出于何种原因，他们中相当多的人皈依了我们的宗教，并接受了洗礼。

但遗憾的是，由于在我们四个人中——这是余下的全部人数，我们中的另外两人已经死去了——没有一位神父，因此他们尽管已经履行了入教的其他仪式，但却缺少了那些只能由神父才能施与的圣礼。然而，他们又是知道这些圣礼的，并以极大的热情期待着能够得到它们。另外，他们之间还展开了激烈的辩论，探讨在没有委派基督教教主的情况下，他们能否选择一位本地人来担任主教的资格。他们似乎正准备推选一位候选人，但在我们离开之前，他们还没有做完这件事情。

即使是那些不赞成基督教教义的人，也不会阻止别人去信奉它。他们不会去非难任何一位皈依基督教的教徒。我待在乌托邦的那段时间里，只有一位信徒受到处罚。他刚刚受过洗礼，便不顾我们的规劝，在公开场合狂热而又有失思忖地宣讲基督教教义。他在宣讲时特别疯狂，不仅称基督教优于其他的一切宗教，而且还对其他宗教横加指责。他宣称那些宗教都是邪恶的，它们的那些追随者是不虔诚的，而且亵渎神明，应当永远受到火刑的惩罚。他照此宣讲了很长时间后，被逮捕并且受到了审判，他的罪名不是藐视乌托邦人的宗教，而是在群众中煽动骚乱。在宣判他有罪后，他被流放国外。这条原则依据的是他们的一条最古老的惯例：无论何人都不应因为他的信仰而受到惩罚。

当初，乌托普国王到达这个地方之前，曾听说过这里的居民相互之间总是纷争不断。他还注意到，正是这种不同派系之间普遍存在的意见不合，使得他们在保卫自己国家的战斗中，给了乌托邦人完全战胜他们的机会。因此，在取得胜利之后，他立即规定，法律承认人人都有宗教信仰的自由，人们可以劝说别人信奉自己的宗教，但必须稳重而诚实，据理为自己的宗教辩护，而不能对其他宗教进行恶毒的攻击；假如说服不能奏效，也不可诉诸暴力，不准谩骂侮辱。如果一个人在表达自己的观点时言论出格，他将被流放国外或者被贬为奴隶。

乌托普国王制订这些规则并不是仅仅出于和平的考虑，他曾亲眼看到了因持续不断的纷争和难以和解的怨恨而导致的彻底毁灭；而且在他看来，这种处理方式对宗教本身是有益的。在宗教信仰方面，他不敢轻率地冒险去自作主张。他不敢断定上帝是否希望人们拥有各种各样的信仰，因而是否会用不同的观点去启发不同的人们。但他可以肯定的是，通过暴力和威胁将自己认为是正确的观念强加给所有的人，是既无礼又愚蠢的。再者，即便事实上只有一种信仰是真理，其他的都是谬误，他也可以预见到：如果在这类事情上能够合理而适度地加以对待，真理迟早会凭借自身的力量显露出来并熠熠生辉。但假如这种斗争是通过武力和暴举做出裁决的，由于最坏的人往往最不易屈服，因而最好和最圣洁的信仰必将在冲突中为那些谬误所淹没——正如那些被荆棘和灌木丛所窒息致死的庄稼。

因此。乌托普国王将全部与宗教有关的事情都作为可以争论的问题，允许人们自由地去选择信仰。作为例外，他尽责而认真地发布禁令，规定任何人都不准降低人性的尊严，相信灵魂与肉体一起灭亡，或者相信世界只是一种偶然的运动，根本没有神意的支配——由此他们相信，人死后，罪过注定要受到惩罚，而德行会得到回报。这便是他们的信仰。假如有人持有另外的观点，他们会认为这种人根本配不上成为人类的一员，因为他已将自己灵魂的高贵本性降低到了动物那可怜的肉体的水平。他们更不会将他视为本国的公民，因为除非出于恐惧，这种人根本不会将乌托邦的法律和和习惯放在眼里。当一个人除了法律之外什么也不怕、除了肉体满足外什么都不期望得到时，他要么巧施诡计规避本国的法律，要么采用暴力破坏法律以满足个人的欲望。对此，又有谁会怀疑呢？

因此，一个持有这种观点的人，在乌托邦不会受到尊敬，不会得到任何官职，也发挥不了任何作用。人们都会认定这种人愚钝或者天赋不高。但他们不会对他采取任何处罚，因为他们深信一个人选择什么样的信仰是不由自主的，他们不会威逼他去掩饰自己的观点，也不允许在这个问题上说谎。在他们看来，说谎与实际做错事没有什么两样。他们禁止这样的人在普通百姓面前为自己的观点辩解，但假如是在教士或者重要的人物面前这样做，不仅被允许，而且还会受到鼓励。因为他们深信，这类疯狂的念头最终会被理性所战胜。

另外还有一些人也不会受到干预。这些人为数不少，他们所持的观点并非完全没有道理，而且他们对社会没有危害。这些人持有一种与众不同的谬论，他们相信野兽也有不灭的灵魂，只是不及我们人类灵魂高贵，而且注定不会得到与我们同样的幸福。几乎所有乌托邦人都确信，人类的极乐世界是没有限度的，他们为那些生病的人感到悲伤，但却不会对死去的人有丝毫遗憾——只是对那些惧怕死亡不愿意离开人世的人除外。他们将这种表现视为一种不祥的死兆，这种人在即将死去的时候没有任何希望，只有良心上的罪责，仿佛他们的灵魂秘密地预感到了将要到来的惩罚，因而非常害怕死去。另外，他们也担心，当上帝向一个人发出呼唤时，他不是欣然赴命，而是拖拖拉拉、极不情愿，这样上帝对他的到来一定不会感到高兴。人们看到这样的人死去会充满恐惧，因而在将死者送往墓地时，他们会忧郁不语。在乞求仁慈的上帝给他以庇护并宽恕他的软弱之后，他们才将他的尸体下葬。

另一方面，当一个人怀着美好的愿望快乐地死去，没有人会为他悲伤，他的葬礼会伴着歌声进行，人们满怀深情地将他的灵魂托付给上帝。然后，大家怀着尊敬而不是遗憾的心情，将他的遗体火葬。他们在下葬处为他树起墓碑，碑上记载着下世者的品行和事迹，其中谈论最多而又最激动人心的莫过于他如何快乐地对待死亡。

乌托邦人认为，对这些正直品行的纪念，不仅可以有效地激发活着的人去行善，而且也是死去的人最乐于接受的怀念方式。他们认为，虽然凡人那愚钝的眼力看不到，但在谈到那些死去的人们时，他们的确是存在的。假如他们不能够自由地来往于自己想去的地方，便会与命运所给予他们的天堂之乐不相协调。假如他们根本不想回访那些生前相互友爱、彼此宽容、朝夕相处的朋友们，这对于死者而言，便是忘恩负义。乌托邦人会这样联想：自由同其他所有美好的东西一样，在好人们死后不仅不会减少，而且还会增加。因此，他们相信，已经死去的人会在活着的人们之间来来往往，而且会亲眼目睹活着的人们的所作所为。于是，因为有了死者的保护作依托，他们便会更加充满信心地去从事各种活动。另外，先人们随时会出现在自己左右的念头，也会阻止人们私下里去做不光彩的事情。

乌托邦人对预言术和其他一切占卜活动都持极端轻视和嘲笑的态度，而在其他一些国家，这类愚蠢的迷信活动却吸引了人们大量的注意力。但是，对于那些并非由自然创造的奇迹，他们却很崇拜，并将其视为神的力量发生作用的效果及验证。据他们讲，在乌托邦也经常会有奇迹发生。有时，他们会就一些重大而紧急的事件，公开地祈求奇迹的降临。他们满怀信心地期待着奇迹，而奇迹也的确发生了。

在他们看来，去研究自然，并因此对自然加以赞美，这种崇拜形式是上帝所乐于看到的。然而，有相当多的人也是为了宗教的动机，尽管也不会游手好闲，却不去掌握学问、进行科学探索。他们决心仅仅依靠不断忙碌和尽职尽责，来获得死后的安乐。他们中有的去照顾那些生病的人；有的则去维修道路，清理沟渠，改造桥梁，铲除杂草，开挖沙石，砍伐树木，切割木材，还要把木材、谷物及其他一些东西用车子运送到城里。无论是公共劳动，还是为私人服务，他们都会像仆役那样去劳作，而且比那些奴隶还要卖力。

不论在哪里，只要有了粗活、累活和脏活，他们都会兴高采烈地抢着去干。而大多数人则或者因害怕辛苦劳累、或者因厌恶、或者因陷入绝望，对这样的活往往退避三舍。他们一刻不停地从事艰苦的劳动，以便让他人过上安逸的生活，而他们自己却从不要求得到什么赞扬。他们既不会贬低别人的生活，也不会对自己的生活加以吹捧。这些人越是将自己摆在奴隶的位置上，他们就越会得到所有人的尊重。

可以将这些人分为两类。其中一类人过着独身的生活，他们不近女色，不吃肉食，在有些情况下甚至戒绝荤腥。他们完全拒绝今生的享乐，将它们视为有害无益。他们小心谨慎，辛苦劳作，期待着来世过上享乐的生活。由于希望很快就能得到这种生活，他们自始至终都感到快乐，并充满活力。

另一类人也同样喜欢艰辛的劳作，但他们并不排斥婚姻生活。他们不会轻视由此带来的快乐，并且认为：婚姻是他们对自然应尽的义务，而生养后代是他们对国家应负的责任。只要不与他们的工作发生冲突，他们不会拒绝任何享乐。在乌托邦人看来，这类人更明智，而前面所提到的那类人更圣洁。假如这类圣洁的人们为了理性的缘故奉行禁欲主义而不去结婚、宁愿艰辛而不要舒适，那么他们会受到乌托邦人的耻笑。然而，现在由于他们声称是在宗教信仰的鼓舞下这样做，所以人民便会对他们充满了景仰和尊敬。因为，在与宗教有关的任何问题上，人们总是小心谨慎，避免轻易地得出武断的结论。这些人用他们本国的语言被称之为“布斯莱斯卡”，这个词可以被译为“非常信仰宗教的人”。

他们的教士都非常圣洁，因而数量也极少。在每个城市里，他们所拥有的教士均不会超过十三人，而且有多少教士就会有多少教堂——只是在战争状态下例外。战时，有七位教士要随军出征，同时要指定七个人来填补他们的空缺。当那些专职教士们回来后，他们便会恢复原职。这样，限额之外的人员要一直服侍高级教士，直到教士亡故，他们才能接任教职。在这里你会看到，他们会任命一位高级教士来统领其他人。与其他一切官员一样，这些教士们也是由人民选举出来的,选举采取无记名秘密投票的形式,以免结党营私。当选后，要由其他教士为他们授以圣职。

他们负责敬神的活动，安排宗教礼仪，而且还是伦理道德的监察官。如果有人因生活不检点而被传唤并受到斥责，将被视为极不光彩的事情。他们只是有权提出建议和加以劝诫，而对犯过者进行制止和惩罚则由总督和其他官员执行。然而，教士们可以将那些道德败坏的人逐出教堂，不准他们做礼拜。在这里几乎没有哪种惩罚比这更为可怕了。那些受惩罚的人感到非常丢脸，内心被一种来自宗教的神秘的恐惧感所折磨。而且时间长了，他们的身体也会受到损害。假如他们不能尽快在教士们面前做出悔改的表现，那么他们就会因亵渎神灵而遭到议事会的逮捕和惩罚。

教士们还受到委托，负责对儿童和青少年进行教育。他们认为儿童的品行和美德，同他们在学问上的进步一样重要，都应加以重视。他们从一开始就下足功夫，向孩子们灌输维护国家利益的正确观念——因为处于未成熟阶段的孩子们颇具可塑性。一旦这种观念根植于孩子们的头脑，便会终生难忘，有助于让他们成为国家利益的守护者。只要没有源自错误观念的犯罪行为，一个国家便永远也不会衰败。

女性并不被排除在教士行列之外，但是只有那些年长的寡妇才能够当选，而且这种情况也很少见。男教士们的妻子，必须成为整个国家最为杰出的女性。

在乌托邦，没有其他官员能够享有比教士更高的荣誉了。这些教士们即使犯了罪，也不会受到法庭审判，而是面对上帝和自己的良心的裁决。教士们无论犯有何种罪过，人们都不能动手惩罚他们，因为他们已经以一种不同寻常的方式奉献给了上帝——如同那些献给上帝的祭品一样。这种惯例，对乌托邦人而言是比较容易遵守的。因为这里的教士很少，而且都经过了认真的挑选。

这些教士们都是经过了优中选优，才擢升到如此尊贵的地位，而且在选拔过程中所考虑的唯一因素便是德行，这样的人是不会轻易堕落和变坏的。但人的本性是可以改变的，假如这类事情真的发生，也不必担心会给国家造成巨大的危害。因为教士们本来人数极少，而且除了授予一定的荣誉外，他们没有任何权力。事实上，乌托邦人之所以只选拔少量杰出的人来担任教士，是为了防止荣誉泛滥。这些教士在目前享有很高的威望，但若将荣誉分送给许多人，他们所享有的威望也会随之减少。当然，这也是因为很难找到如此之多优秀的人们来担任这种高尚的职务，那些拥有普通德行的人是不配受此殊荣的。

正如在国内受到人们的尊重一样，这些教士在国外也颇受尊重。这一点可以从以下所述的事实中看出来——而且我想这也正是他们受尊重的理由。当部队进行激烈的战斗时，这些教士在离他们不远的地方分散开来，身穿法衣，双膝跪地。他们将双手伸向天空，首先为和平祈祷，接着祈祷在双方都不会大量流血的前提下，让他们自己所在的一方能够取得胜利。当己方取得胜利时，他们会在战士们中间跑前跑后，阻止自己人对败军进行复仇。敌方军士们只要看到这些教士并向他们求救，便足以保全自己的性命；如果他们能够摸到教士们身上飘起的法衣，就可以保护自己的物品免受战祸的损害。

这为他们赢得了各国人民的尊崇，对方也赋予了他们同样的权力。这样，他们从敌方那里所解救的本国公民，几乎和从自己人手中救出的敌方人员一样多。以下也是广为人知的事实：有时他们自己所在的一方阵脚大乱，形势已经非常危急，战士们准备逃走，敌方士兵冲上来准备杀戮，这时，教士们走上战场，于是一场大屠杀得以避免。敌方军队停战后，在公平的前提下，和平得以实现。无论是哪个民族，无论他们有多么野蛮、残暴、凶恶，都会承认乌托邦教士的人身是神圣不可侵犯的。

每个月的第一天和最后一天，以及每年的第一天和最后一天，乌托邦人都当作圣日来加以庆祝。他们按月球的运转周期来测算，将一年分成若干个月，而年的衡量依据则是太阳的运转周期。按照他们的语言，每月的第一天称为“塞那麦尼”[1]，每月的最末一天称为“特拉普麦尼”[2]。这些词的含义似乎可译作“最初节日”和“最末节日”。他们的教堂非常壮观，不仅工艺精美，而且容量颇大，这是非常有必要的，因为乌托邦人中只有极少数教士，这样教堂也势必很少。教堂内光线暗淡。这一点不能归咎于建筑师的无知，而是那些教士们经过深思熟虑提出的意见。他们认为过强的光线会分散人们的注意力，而昏暗不定的光线则会让人们思想集中，对上帝更为虔诚。

正如人们所看到的，乌托邦的宗教是各式各样的。尽管它们在形式上千变万化，但都殊途同归，它们都是为了崇拜神圣的自然。因此，在教堂里人们不会看到或听到那些为大家所完全认同的东西。如果哪个教派有自己的礼仪，每个人可以在自己的家中行使。这样，在教堂里不会摆设任何一种上帝的偶像，以便于不同的人们能够以他们所喜欢的形式，以炽热之心去自由地构想他心目中的上帝。他们在祈求上帝时只称“密斯拉”，没有其他特别的名字。他们同意用这个名字来体现神威那独一无二的性质，而不管这种性质到底指的是什么。他们祈祷时所用的祷文可以根据每个人自己的信仰随意念诵。

[1] 塞那麦尼（Cynemernes）——希腊语杜撰词，意为“一个月开始的日子”。
[2] 特拉普麦尼（Trapemernes）——希腊语杜撰词，意为“一个月末了的日子”。

在“最末节日”的晚上，他们都聚集到教堂里，而且被要求禁食。他们会利用这一月或一年的最后一天的圣日，来到教堂感谢上帝使他们享有了一月或一年的繁华。第二天，也就是“最初节日”，他们又会在清晨聚集到教堂。他们祈求上帝，从这个大吉大利的圣日开始，保证给他们带来一年或一月的繁荣。

在“最末节日”这一天，在去往教堂之前，妻子要跪在丈夫的脚旁，子女要跪在父母的脚旁，向他们忏悔。讲出他们所犯的错误或者在某方面的失职，并乞求他们的过失能得到原谅。这样，如果哪个家庭有了某种争吵的迹象，就可以采用这种令人满意的方式加以消除。由此，他们便可怀着一颗纯净的心去参加献祭，因为此时如果内心不安是亵渎神灵的。假如他们对某个人感到憎恨或愤怒，为免受随时可能出现的巨大惩罚，他们必须在参加献祭之前重归于好并使心灵得到净化，这样在献祭时他们才会得到帮助。

当进入教堂时，人群会分开，男人们走向右边一侧，女人们走向左边一侧。接着，他们开始安排座次，以保证每户的男人们能够坐在家长的面前，女人们也能坐在他们家庭中女性长辈的面前。这样就可以确保那些在家里能够发挥权威和约束作用的人，在外面也能监督着他们家人的一举一动。他们也注意让年轻人和年长者坐在一起。假如让所有年轻人坐在一起，他们可能会放肆嬉闹，而此时他们本应该对上帝抱有虔诚的敬畏态度，这是人们实践德行的最大的、而且几乎是唯一的动力。

乌托邦人在献祭时不会屠宰动物。既然上帝已经赋予了动物生命，而动物也生活得很快活，他们相信仁慈的上帝不会对流血和杀戮感到高兴。他们会焚香以及其他一些香料，并且燃起大量的蜡烛。他们并不知道，他们所做的这一切，正如那些祈祷者的祷告一样，不会增加半点神性，但他们仍然喜欢这类无害的崇拜方式。人们感觉到，在这温馨的气味、光线以及其他的一些礼仪中，他们的灵魂好像也被抬起并且在上升，同时，他们对上帝的崇拜也更为强烈。

在教堂里，人们身着白色的外套。教士们则穿着五颜六色的法衣，这些法衣的做工和款式都很考究，但所有的面料都不如人们想象的那样贵重。他们不会在法衣上绣金，也不会镶嵌宝石，只是在上面装饰着各种各样的鸟羽，这些鸟羽装饰得精巧而且富有艺术性，即使那些值钱的面料也无法与制作这些法衣的手工价值相媲美。另外，据他们讲，点缀在这些法衣上的各种鸟羽及其图案造型，隐含着一些神秘的含义。人们从教士那里获得有关这些含义的详细解释，由此会记住上帝施予他们的恩惠，记住他们应对上帝怀有的虔诚，以及人与人之间应尽的义务。

当穿戴着法衣的教士从前厅走出来的时候，所有人都怀着崇敬的心情，立即向他跪拜。此时，周围一片寂静，教堂里所有的人都充满了敬畏，仿佛有某种神威真的降临了。人们在地上跪拜了一会儿后，教士便示意他们起身。

这时，他们在乐器的伴奏下，唱起了赞美上帝的歌。他们所用的乐器在形状上与我们这里的大不相同。那里的乐器有不少听起来要比我们的乐器更为悦耳——但也有一些不能同我们的相比。但是从一定意义上讲，他们在这方面毫无疑问胜过我们。他们所有的音乐，不管是器乐，还是声乐，都表达着人们自然真切的感受。无论是用于祈祷，还是用于表达喜怒哀乐的情感，这些曲子的曲调和意境是那般相符，音乐的表达形式能够很好地体现出他们所表达的含义，因而，它能够深深地打动人们的心灵，激发人们的情感。

最后，教士和所有的人一起庄重地重述祷文，祷文编写时已注意做到让大家一齐朗诵的东西能够适用于每个人。在这些祈祷者中，每个人都会将上帝视为万事万物的创造者和主宰者、以及其他一切幸福的赐予者。他感谢上帝所赐予的一切恩惠，尤其是承蒙神的恩典，使他有幸生活在一些最幸福的国家里，并能接受最正确的宗教。如果他在这些方面有什么过失，或者假如有一种上帝更为赞许的、在某些方面优于他们现在所遵循的国家制度和宗教，他会祈求上帝出于他仁慈之心，一定要让他知道，因为他随时准备沿着上帝所指引的路走下去。假如他们所实行的国家制度是最完美的，他们所选定的宗教是最正确的，他便会祈求上帝让他坚持这一切，并引导其余一切人都采用他们的生活方式，接受他们的宗教信仰。当然，出于某种常人难以理解的意愿，上帝也可能会高兴看到人们持有不同的信仰。

在做完这一切祈祷后，他会祈求：当他平静地死去之后，上帝能将他带入天堂。当然，或迟或早只能由上帝来定夺。但是，假如不冒犯神威的话，为了能够皈依上帝，他们宁肯非常痛苦地死去，而不愿贪图尘世的荣华富贵。

当祷告者讲完这一些话之后，他们再一次拜倒在地，然后起身去进午餐。这一天余下的时间，他们将用于各种娱乐活动和军事训练。

好了，我已经尽可能详细地将乌托邦的社会结构为你描述了一番。在我看来，他们的国家不仅是最完美的，而且是唯一名副其实的。可以断言，在乌托邦之外的国家，所有的人们也会为了公共福利侃侃而谈，但他们最终关心的仅仅是个人的利益。在乌托邦，没有任何私有财产，人们所热衷于关心的是公共事务。可以肯定，在这两种场合下，人们都是依据理性去行动的。在乌托邦之外的国家，几乎人们都能意识到，无论国家如何繁荣，只要他们自己不拥有财富，最终还会被饿死。因此，为了自身的生存，他们必须替自己打算，而不必去理会他人。

相反，在乌托邦，一切财富归全民所有。没有人会怀疑，只有装满公库，人们对个人的用品才不会感到匮乏。因为，这里的物品是平均分配的。在乌托邦，没有穷人，没有乞丐。尽管没有人会拥有一切，但大家都很富足。

对于一个人而言，有什么财富能够比得上心情舒畅，无忧无虑的生活呢？在这样的生活中，不用为自己的饥饱操心，听不到妻子那不满的抱怨，用不着担心儿子的贫富，也无需为女儿的嫁妆犯愁。倒是可以完全对自己的生计和幸福放心，也大可为他的家人——他的妻子、儿子、孙子、曾孙、玄孙，以及他所想到的一切人们——的生计和幸福放心。我们还需注意这样一个事实：在乌托邦，那些曾经工作过而现在丧失劳动能力的人所得到的供应，并不会少于那些正在工作的人。

在这一点上，我倒希望有人能够大胆地将这里的公平，与在其他国家盛行的被称之为公正的东西加以对比。以我的灵魂作证，在其他国家里，我的确还没发现公正和公平的踪迹。在那里，不论是所有的贵族，还是那些金匠、高利贷者，还有其他一些人，这些人或者根本不去劳动，或者他们的劳动并非国家所必需，但是他们却过着一种奢侈豪华的生活。与此同时，那些普通劳动者、车夫、木匠、农民等，长年累月地辛苦劳作，承受着比牛马还繁重的劳动；而且他们的劳动为国家所必需，离开了他们，一个国家甚至连一年都撑不下来。然而，他们的收入却是如此微薄，过着一种牛马不如的悲惨生活。甚至牛马也不会干如此繁重的活，它们吃的食物也不会比这更差——事实上，很合它们的胃口，它们更不会如此地为自己的未来忧心忡忡。而这些劳动者们，则恰恰相反，他们现在不得不终日苦干，而又一无所获，却还要为贫困的晚年痛苦忧虑。他们每日的收入是如此微薄，几乎没法维持当天的生活，因此仅有极少剩余一天天地积攒起来，用来养老。哎，难道这样的国家也能够称得上公正和有情有义吗？它对那些所谓的贵族、那些金匠以及其他诸如此类的人，是如此慷慨大方，赠以重金，而这些人却整日游手好闲，过着寄生生活，追求着空虚的享乐。与此相反，它对那些农民、矿工、普通劳动者、车夫和木工们，却没有提供任何有益的帮助，而离开了这些人，国家根本不会存在下去。当他们被辛苦的劳作榨尽了美好的年华之后，当他们年老体迈多病、只能完全依靠索取而生存的时候，他们的国家却忘记了他们所有那些不分昼夜辛苦劳作的日子，忘记了他们用双手创造出来的巨大的财富，任由他们最悲惨地死去，来作为对他们一生一世劳作最无情无义的回报。

更可恶的是，那些富人们每天还要借助于个别欺骗或公共法律，对这些穷人们的微薄收入敲诈勒索。尽管在他们这样去做之前，我们已经看到了不公平——这些为国家做出过最大贡献的人们得到的却是最差的回报。可是现在，他们却进一步歪曲和贬低了正义，通过立法和公然欺骗，将这一切宣布为公正。因此，借上帝的力量我想说，当我在自己的头脑里反复思考当今那些繁荣国家的制度时，我所能看到的只有那些富人的阴谋，这些人打着国家的幌子，却在追逐着自己的私利。为此，他们可谓绞尽脑汁，首先，他们将自己通过罪恶的手段积聚起来的财富保管得万无一失；其次，他们用低的不能再低的价钱来雇用穷人，榨取他们的血汗。只要那些富人们假借公众——当然也包括那些穷人——的名义，宣布这一切必须得到遵守，他们的这些诡计也就成为了法律。

然而当这些贪得无厌的罪人们一起瓜分完那些本可以满足全体人民的物品时，他们的那种幸福同乌托邦人相比，又相去何远呢！在乌托邦，由于金钱的无用，所有对金钱的贪婪也随之消失了。由此省去了多大的烦恼呀！大量的犯罪由此被清除了祸源！诈骗、盗窃、抢劫、吵架、骚乱、反叛、暗杀、投敌、下毒等，这些天天惩办也禁止不了的罪行，只要废除金钱便会销声匿迹。对此，谁人不知？恐惧、焦虑、担忧、辛苦的劳作、不分昼夜的操劳，也将随金钱的消失而消失。对此，又有谁人不晓呢？更重要的是，贫穷也仅仅是由金钱造成的。一旦金钱在各处都被废除，贫穷也会立刻减少并会最终消失。

为了更加清晰地阐明这个观点，你不妨设想在某个收成不好的荒年，有几千人死于饥饿。我要提醒大家注意的是，在这个荒年的岁末，如果去清查那些富人们的粮仓，便会发现这里有相当多的谷物。假如它们曾被分给那些因饥饿和疾病死去的人们，人们便不会因土壤和气候的原因造成的歉收而死亡。人们本来可以很容易地得到自己的生活必需品，可是该死的金钱，这种据称是为了帮助人们更方便地得到其他生活必需品的伟大发明，事实上却并没有发挥它的作用，反而成为人们满足自身需要的一道障碍。

毫无疑问，即便是那些富人也会感觉到，与其日复一日守候着成堆的过剩品、被巨额的财富弄得心事重重，还不如去过一种随时可以使自身的需要得到满足的生活。我也毫不怀疑，人类对自身利益的关注，以及我们的救星——基督的权威（以他的智慧，不可能不知道什么是最好的东西；以他的仁慈，不可能不向人类提供他所认为的最好的东西），早该让整个世界去采用乌托邦的法律。然而，唯有一个怪物在拼命地反对这样做，它是万恶之首，它是万恶之源。在我看来，它就是傲慢。

傲慢用以衡量财富的标准，不是对她自己是否有利，而是对他人是否不利。如果世上没有可怜的穷光蛋供她支配和嘲弄，如果她的命运在与那些可怜虫对比时不能令人炫目，如果她所夸耀的财富还不足以让穷人们感到痛苦和紧张，那么傲慢这个怪物连女神也不想去做。这条来自地狱的毒舌，盘踞在人们的心上，就像鲫鱼[1]一样，阻碍着人们采用更好的生活方式。

傲慢在人们心目中植根如此牢固，以至于难以拔出。因此，令我感到高兴的是，至少乌托邦人已经幸运地拥有了这种形式的国家，而我多么希望它能够为世界上所有的人们都拥有啊！乌托邦人所采取的这种生活制度，已经作为他们国家的基础。就人类的先见之明所能预知，这种制度不但是最

---

[1] 鲫鱼（Suckfish）——印头鱼，或称为吸盘鱼、粘船鱼。主要生活在热带和温带海洋里。印头鱼游泳能力较差，主要靠头部的吸盘吸附于鲨鱼或海龟腹部，有时也吸附于船底，被带往各海区。被称作“海洋中的免费旅行家”。

幸福的，而且会永远存在下去。在国内，乌托邦人已经将野心、派性以及其他一切邪念铲除殆尽。因此，他们不会有受到国内残渣侵扰的危险，而这种侵扰是许多城市已经建立起来的繁荣走向毁灭的唯一原因。只要国内保持一致而且自身制度健全，那么邻国统治者们的所有不友好举动，都不会让他们的国家发生动摇。事实上，已出现过多次针对乌托邦的侵袭，但都被他们击退。

听完了希斯拉德所讲述的一切，我感想颇多，他所描述的那些人民所建立起来的风俗和法律近乎荒谬。这不仅仅是指他们的作战方式、庆典仪式以及宗教信仰，而且还包括其他一些制度，其中最关键的是，他们整个社会结构的主要基础的特征。我所指的是他们的公共生活及其供给方式，在这里竟然没有货币流通。仅就这一点而言，便可以将常人设想的一个国家真正引以为荣的东西——所有高贵、辉煌、壮观、尊严——荡涤得一干二净。

然而，我知道他讲得已经很累了，我不敢断定他是否能够容忍一些与他的观点相左的意见，尤其是我记起他曾指责过一些人，这些人因担心自己没有表现出足够的聪明，而对别人的发现吹毛求疵。于是我便对乌托邦人的生活方式和他的讲述赞扬了一番，然后拉着他的手，请他进屋共进晚餐，在此之前，我留下了话：如果有机会，我会对这些事情进行深入的思考，并同他进行更全面的讨论。假如这一点今天就能做到，该有多好啊！

同时，尽管在很多方面，他都称得上是一位真正有学问的人，而且他对人间万象有着最渊博的知识，但我却不能对他所谈到的一切均表赞同。但我乐于承认，对我而言，想象着乌托邦国的许多特征能够在我们的国家实现，比希望看到它们真正实现要容易得多。

第二部终

拉斐尔·希斯拉德关于那个目前为止极少有人知道的乌托邦国的法律和风俗的午后谈话到此结束，报道人是伦敦公民和行政司法长官、最博学的托马斯·莫尔先生。